JN409991

인생은
닻이 아니라 돛이다

인생은
닻이 아니라 돛이다

장문석 시산문집

2017

들어가며

길 위엔 늘 바람이 불고 눈비가 내립니다. 귀밑머리가 날리기도 하고, 옷깃이 젖기도 합니다. 가끔은 넘어지고 깨어지기도 합니다. 인생이란 결국 그런 이야기들이 교직(交織)으로 짜인 하나의 옷감이 아닐까요?

그 옷감 한 필, 슬그머니 내밀어 봅니다. 그러나 아직 성글기만 합니다. 이제 겨우 예순을 넘겼을 뿐이거든요. 하기야 몇 백 년을 산다한들 이 우둔한 솜씨가 어디 가겠습니까마는 그래도 하고 싶은 말이 있었던가 봅니다. 이렇게 오지랖 펼치는 것을 보면.

시도 많이 등장합니다. 딴은 상황에 따라 시를 덧붙이는 게 더 효과적일 것이라 생각했던 게지요. 이미 시집으로 발표된 것도 있고, 그렇지 않은 것도 있습니다. 어떤 글은 시와 산문의 경계가 모호한 것도 있습니다. 갸우뚱하는 사람도 있을 테고, 끄덕이는 사람도 있을 테지만, 겸허히 받아들일 뿐입니다.

지나다가 슬쩍, 곁눈질이나 했으면 좋겠습니다.

정유년 시월

장문석

차례

제3부

제4부

제1부

인생은 닻이 아니라 돛이다

시인 칼릴 지브란은 말했다. '집은 닻이 아니라 돛'이라고. 닻은 머묾이고 돛은 떠남이다. 그런데 시인은 닻이 아닌 돛에 집을 비유했다. 다시 말하면 집은 하루의 피곤을 부리고 편안한 휴식을 취하는 공간이 아니라 새로운 떠남을 위해 계획하고 준비하는 공간이라는 것이다. 대부분 사람들의 일반적 상식을 뒤집는, 역시 대시인다운 통찰이다.

그런데 나는 여기서 조금 더 나아가 인생 자체를 닻이 아닌 돛에 비유하고 싶다. 복잡 미묘한 인생을 단 몇 마디의 언어로 규정하는 것은 가당치도 않은 일이지만, 그래도 변죽이나마 울린다면 '인생은 닻이 아니라 돛'이라는 비유만큼 적확(的確)한 표현을 아직 찾지 못했기 때문이다. 인생이란 닻을 내리고 항구에 정박해 있는 것이 아니라 돛을 달고 망망대해로 떠나는 일이다. 그러면서 수평선 너머 어딘가에 있다는 율도국*을 찾아 돛의 흰 이빨을 갈아세우는 일이며, 밤마다 북극성의 고도에 나침반을 맞추는 일이다. 인생이란 결국 율도국을 찾아 떠나는 멀고 먼 항해이다.

그러나 바다를 항해하는 일은 결코 쉬운 일이 아니다. 섬과 섬사이의 급한 조류를 위험하게 떠돌 수도 있고, 덧니 사나운 암초에 부딪혀 방향키를 잃을 수도 있다. 또한 거센 폭풍우를 만나 돛대가 부러질 수도 있다. 조류와 암초와 폭풍우는 음험하다. 파도의 곳곳에 똬리를 틀고 있다가 전혀 예상치 못한 곳에서 불쑥 대가리를 내밀어 우리의 뱃머리를 뒤엎어 버린다. 그렇게 침몰한 배의 기록은 동서고금에 헤아릴 수 없이 많다.

그런 좌절과 실패의 기록이 항해일지이다. 누구나 무사히 율도국에 이를 수 있는 것이라면 우리는 구태여 항해일지를 쓰지 않을 것이다. 항해일지에는 조류와 암초, 그리고 폭풍우에 대한 정보가 꼼꼼히 기록되어 있다. 그뿐만이 아니다. 그것들을 피하거나 극복하기 위한 항해술까지도 별책 부록으로 묶어 놓고 있다. 그러므로 항해일지는 항해의 필수 지침서이다.

그렇다고 항해일지가 모든 것을 다 해결해 주느냐, 하면 절대 그렇지 않다는 데에 인생의 아이러니가 있다. 우리는 신(神)이 아

---

* 허균의 「홍길동전」에 나오는 이상향

니다. 신처럼 전지전능하지도 않고 영원하지도 않다. 우리가 만약 신이라면 율도국을 열망하지도 않았을 것이고, 목숨을 건 항해도 무릅쓰지 않았을 것이다. 우리는 신과 달리 불완전한 존재이고 유한(有限)한 존재이다. 항해일지를 수백 번 읽고 또 읽어도 좌표(座標) 하나 올바로 찍지 못하는 존재이고, 죽음을 예견하면서도 항해의 계획을 세우는 이율배반적인 존재이다.

그러나 그것이 우리 인간을 위대하게 만든다. 새로운 세계에 대한 끝없는 도전과 동경(憧憬), 그것은 늘 우리를 설레게 한다. 불완전하기 때문에 우리는 고뇌와 사색의 능력 가지게 되었고, 유한하기 때문에 우리는 미래의 꿈을 세울 수 있게 되었다. 그것은 기억을 낳고, 상상력을 낳았다. 타산지석(他山之石)을 위한 항해일지는 기억이 만들어낸 산물이고, 수평선 너머의 율도국은 상상력이 만들어낸 동경(憧憬)이다. 기억과 상상력은 오직 인간만이 가진 특권이다. 성찰을 하면서도 꿈을 꾸는 것, 그것은 곧 인간의 위대성이기도 하다. 그 위대성이 바로 우리가 출항을 하는 이유인 것이다.

그러므로 우리는 멈출 수가 없다. 늘 돛을 달고 떠나야만 한다. 세찬 조류에 휩쓸리고, 거센 폭풍우에 엎어지고, 험한 암초에 찢기면서도 우리는 가야만 한다. 자꾸만 등이 굽는 돛대를 바로 세우고, 나날이 흐려지는 나침반의 눈빛을 정성껏 닦아야 한다. 그러면서 멀고 먼 항해의 끝에 율도국이 있다고 믿어야 한다. 그 믿음이 우리를 바다로 나서게 한다.

가뭇없는 수평선 넘어
배 한 척
떠가고 있다 지친 고동 소리
안개 속에 나부끼며

나침반 가다듬던
항구의 새벽은 얼마나 비장했던가
자꾸만 돌아보는 신발

모래밭에 벗어두고
글썽이는 눈물
바람으로 씻으며
가리라 그곳으로

마침내 현란한 무지개 출몰하는
몇 개의 섬에 닻줄을 던졌으나
더욱 세찬 기세로 밀려오는
너울들뿐 해도 위의
많은 좌표들이 너울 속으로
사라지고 갈수록
갑판은 남루해지는데 나는

무얼 바라 이토록
떠가는 것이냐 지금도
등이 굽는 돛대를
고집스레 세우고는

—「율도국」 전문. 『꽃 찾으러 간다』 2014 실천문학

바다는 여전히 푸른 파도의 깃발을 흔들고 있다. 그 파도의 갈

피 어디엔가 어탁(魚拓)으로 전한다는 황금빛 물고기. 그에 관한 풍문으로 우리는 곧잘 황홀한 몽정(夢精)의 밤을 맞이하기도 한다. 그런 날의 새벽일수록 부둣가의 숨소리는 가쁘다. 그 위로 뻗쳐오르는 햇귀는 한없이 우리를 설레게 한다.

물론 우리도 알고는 있다. 아무리 돛폭을 올리고 고동을 울려도 끝내 율도국에 도달하지 못하리라는 것을. 율도국에 이르러 낚싯대 한 번 드리우지 못하리라는 것을. 거기에 이르기도 전에 우리의 나이테는 심장의 박동을 멈출 것이고, 우리의 배도 망망대해 어디쯤에선가 한 점 바람으로 풍화할 것이다.

그렇다고 여기쯤서 항해를 멈춰야 하는가? 아니다. 인생의 항해는 목적지에 있는 것이 아니다. '떠남' 그 자체에 있을 뿐이다. 그러므로 율도국은 풍문 건너편 존재가 아니라 펄럭이는 돛 자체인지도 모를 일이다. 떠나는 사람만이 돛을 펄럭일 수 있다. 펄럭이는 돛만이 율도국을 꿈꿀 수 있다.

보라! 나침반의 눈빛은 여전히 망망대해에 있고, 돛폭의 어깨는 아직도 완강하다.

자, 떠나자. 율도국으로,

바다는 넓고, 항해는 멀다.

인생은 닻이 아니라 돛이다.

예순 즈음에

예순. 요즘에는 대부분의 사람들이 도달하기 때문에 대수롭지 않게 여기지만 결코 가볍지만은 않은 나이. 십천간(十天干)과 십이지지(十二地支)가 서로 엇물려 돌아가다 원래의 제 자리로 돌아오는 나이. 그리하여 예로부터 이를 환갑이라 일컫고 축하의 잔치까지 베풀어 주었거늘(배냇나이를 인정하지 않을 경우), 그 세월을 어찌 짧다고만 할 수 있는 있겠는가?

그래도 사람들은 말한다. 요즘의 예순은 옛날의 예순이 아니라고, 아직은 몸과 마음이 젊은이들 못지않다고, 틈만 나면 팔 구부려 알통을 보여준다. 물론 틀린 말은 아니다. 요즘의 예순은 옛날의 예순이 아니다. 경로 우대 대상도 아니고, 국민연금 수혜 대상자도 아니다. 외모로 봐서도 그렇다. 요즘 예순의 외모는 옛날 예순의 외모보다 훨씬 더 젊어 보인다. 항간의 말대로 마음먹기에 따라서는 얼마든지 새로운 인생을 시작할 수 있는 젊은 나이로 보이기도 한다. 그래서 사람들은 덧붙인다. 예순은 제2의 인생을 출발하는 변곡점이라고. 이 또한 틀린 말이 아니다. 의학의 발달과 섭생의 조절로 그것이 얼마든지 가능한 시대가 되어 버렸기 때문이다.

그러나 예순은 그렇게 만만한 나이가 아니다. 평균 수명이 늘어난 것은 축복받아 마땅한 일이지만, 그렇다고 예순이 청춘이 되는 것은 절대 아니다. 예순은 어디까지나 예순이다. 머리털이 하얗게 세기 시작하고, 이마에 주름이 점점 깊어지는 나이이다. 아무리 발버둥치고 치장을 하여도 예순은 이미 인간의 평균 수명에서 절반 이상을 지나온 나이이다. 그러니까 살아온 세월보다 살아갈 세월이 훨씬 짧다는 뜻이다. 다시 말하면 예순은 인생의 정점을 향해 치닫는 오르막이 아니라 종점을 향해 내딛는 내리막이라는 얘기이다.

올해로 내 나이가 예순, 나 또한 적잖은 세월을 살아온 셈이다.

그런데 무엇이었을까? 나를 여기까지 이끌고 온 것은.

세상은 참으로 난해했다. 예순의 갈피마다 궁금한 게 한두 가지가 아니었다. 어떻게 하여 나는 이 세상에 나와 이렇게 한 생(生)

을 영위하게 된 것일까? 그러한 생(生)은 과연 가치가 있는 것이었을까? 왜 나는 수평선 안에 있으면서도 늘 수평선 밖을 꿈꾸었던 것일까? 정녕 수평선 밖으로는 나갈 수 없었던 것일까? 이마와 옆구리를 스쳐간 그 수많은 꽃과 바람과 눈비는 과연 무엇이었을까? 도대체 나와 무슨 인연이 있었던 것일까? 왜 어떤 것은 가연(佳緣)이 되고, 어떤 것은 악연(惡緣)이 되었던 것일까? 삶의 굽이마다 물음표가 분분했다.

물음표란 무엇인가? 물음표란 원론적으로 해답을 전제로 한 의문의 기호이다. 해답이 필요할 때 우리는 우리를 둘러싸고 있는 우주의 삼라만상에게 수없이 많은 물음표를 던진다. 시간과 장소를 가리지 않는다. 경중도 따지지 않는다. 물음표는 언제나 현재진행형이며 미래를 향한 문 두드림이다. 물음표는 곧 살아있음의 표상이다. 살아있는 생명, 그 자체이다. 물음표 없이는 어떠한 삶도 완성되지 않는다.

결국 산다는 것은 세상을 향해 끊임없이 물음표를 던져놓고 그 해답을 찾아 떠나는 기나긴 항해인 것이다.

나 또한 그렇게 예순 해 동안 물음표를 던지며 살아왔다. 물음표를 던진다는 것은 사물이나 현상에 대한 관심이 있다는 방증이기도 하다. 삶과 죽음에 관심이 있을 때 종교와 과학에 물음표를 던졌고, 본능과 쾌락에 관심이 있을 때 윤리적 가치에 물음표를 던졌다. 살아간다는 것은 주변의 대상과 현상에 관심을 갖는 일이었고, 곧바로 거기에 물음표를 던지는 일이었다. 만약 관심이 없었더라면 그토록 많은 물음표를 던지지 않았을 것이고, 물음표를 던지지 않았더라면 내 생(生)의 희로애락 자체가 없었을지도 모른다. 그러므로 내 인생의 처음이자 끝은 물음표라고 해도 과언이 아니다.

그런데 물음표는 꼭 낚시 바늘을 닮았다. 모양만 닮은 게 아니라 그 상징적 의미마저 닮았다. 삶속의 해답을 찾기 위한 기호가 물음표라면 물속의 물고기를 낚기 위한 기구가 낚시 바늘이다. 그렇다면 살아가는 일 자체를 낚시질에 비유할 수도 있지 않을까? 모든 낚시꾼들의 소망은 월척을 낚는 것이다. 월척을 낚아 보란 듯이 세상에 내세우는 것이다. 나 또한 그런 소망을 갖고 예순의 바다를 건너온 것이 사실이다.

그러나 유감스럽게도 나는 단 한 번도 월척을 낚아본 적이 없다. 누군가는 고래의 등뼈로 문패를 장식하고, 누군가는 상어의 이빨로 귀고리를 했다는 풍문이지만, 나의 바구니는 늘 허기졌다. 미끼는 부실했고, 그나마도 입질이 잰 놈들에게 떼이기 일쑤였다. 낚싯대도 짧았고, 견지질은 어설펐다. 간혹 낚아 올린 잔챙이들마저 상어 떼에게 빼앗기거나 아끼다 썩어 버리기 일쑤였다.

그렇게 희로애락의 육십갑자를 한 바퀴 돈 것이다. 다시 원점으로 돌아온 것이다. 삶에 대한 그 어떤 명쾌한 해답도 구하지 못한 채 예순의 고갯마루에 선 것이다.

허허로운 바람이 목덜미를 치고 간다.

예순이여, 이젠 어찌해야 하는가?

첫 출항의 갑판은 초록 미끼로 반짝였으나 예순의 갑판은 녹슨 물음표로 낭자하다. 어찌해야 하는가? 미끼는 썩었고, 미늘은 부러졌다. 버려야 하는가? 아니, 버려야만 하는가? 쓸데없는 미련은 삶을 구차하게 만들 뿐이라는 갈매기의 귀띔을 새삼 새겨들어야 하는가? 해답을 낚지 못한 물음표는 그 자체가 번뇌일 뿐이라고, 예순은 그 번뇌를 내려놓을 줄 아는 나이라고. 정녕 그렇게 속마음을 다잡아야 하는가?

그럴까? 이젠 물음표를 거둬들이고 그 자리에 느낌표를 찍어야 하는 나이일까? 육십갑자를 한 바퀴 돌았으니 이젠 조용히 지난 세월을 반추(反芻)하며 정리하는 나이일까? 나는 고개를 끄덕인다. 일리가 있는 말이다. 물음표가 욕망이라면 느낌표는 깨달음이다. 물음표가 고뇌라면 느낌표는 감동이다.

그런 의미에서 예순은 삶의 변곡점이란 말에 나는 기꺼이 동의한다.

예순. 물음표보다는 느낌표가 많아지는 나이. 아니, 그래야만 하는 나이.

그런데 아직 수양이 덜 된 탓일까? 느낌표는 요원하고 물음표는 여전하다. 아니, 늘어만 간다. 파도는 파도에 연하여 끝이 없고, 그 파도의 어디쯤엔가 나는 서 있다.

아직도 변곡점을 돌아서지 못하고 있다. 그래서 묻는다.

녹슨 물음표들이 낭자한
갑판을 지나

다시금
돛폭을 기워 보는

수심 깊은 나이

그 깊은 수심에
낚싯대를 드리운다

월척!

너는 도대체 어디에 있는 거니?

—「예순 즈음에」 전문

숲

무릇 모든 생명은 부족과 혈통에 따라 삶의 방편이 다르다. 음지에서도 잘 자라는 나무가 있는가 하면, 양지에서만 잘 자라는 나무가 있다. 우듬지가 하늘로만 치솟는 교목이 있는가 하면, 줄기가 옆으로만 뻗어가는 관목이 있다. 모두들 그 방편에 따라 자신들만의 영토를 차지하고는 한 세상 영위하다 유전자를 후손에게 물려준다.

음지의 침엽수 한 쌍이 흙 속에서 뿌리를 얽으면 양지의 활엽수 한 그루는 무덤에 눕는다. 까치는 키 큰 나무의 우듬지에 둥지를 틀고, 오목눈이는 키 작은 덤불에 새끼를 친다. 더러는 절벽에 알을 낳기도 하고, 늙은 나무의 구새 구멍에 족보를 새기기도 한다.

벌 나비와 달콤 동맹을 맺은 꽃들도 절대 약속을 어기지 않는다. 가문에 따라 계절을 정해 놓고는 때 되면 어김없이 창문을 열었다 닫는다. 진달래와 개나리는 봄날에, 봉숭아와 해바라기는 여름날에, 국화와 구절초는 가을날에, 동백과 복수초는 겨울날에 자신만의 얼굴을 세상에 내밀었다가 거둔다. 그때마다 벌 나비는 그들에게 종족 보존의 열락(悅樂)을 주고, 그만큼의 꿀을 얻어 가문(家門)을 치장한다. 동고동락이며 상부상조이다.

새벽녘, 산중엔 엷은 안개가 둘러 퍼진다. 또다시 누군가 우화(羽化)하는 모양이다. 썩은 둥치를 흔드는 작은 날갯짓 소리.

고목 한 그루, 흙으로 돌아가고 있다
천천히, 그리고 아주 조용하게
하마 몇 년이 지났는데도 아직 반쯤이다
얼른 돌아가 영생(永生)이나 즐길 일이지
무슨 미련으로 그리 머뭇거리느냐 했더니
스르륵, 또 한 벌의
껍질을 벗는다 흙으로 돌아간다
그 자리에 굼벵이 너댓 마리가 꼬물꼬물
검은 점줄무늬의 하얀 연미복을 입었다

어린 가객들이다 그래서 차마
가슴을 열어 그들을 품었던 것이다
오랜 세월 잘 발효된 젖을 물렸던 것이다
얼른 우화하여 노래 한 곡조 세상에 남기라고
묵언의 보시를 멈추지 않았던 것이다
젖 내음 아슴할수록 귀향길이 더디고 멀다

—「귀향」 전문. 『꽃 찾으러 간다』 2014 실천문학

굼벵이들의 뒤척임에 퍼뜩 잠을 깬 옹달샘이 맑고 서늘하다. 맨 먼저 두 귀 쫑긋한 수토끼가 실연의 붉은 눈을 씻고 가면, 뒤를 이어 다람쥐와 청설모가 굴참나무에서 내려와 목을 축인다. 저만

치 고라니 한 쌍은 아직도 다 못 푼 정회(情懷)가 있는지 서로의 모가지를 핥으며 내려오고, 밤새 이슬을 베어 물던 물억새가 수척한 치맛단을 흔들기도 한다. 오늘도 때까치는 풀잎 향에 골똘하다.

그렇게 산중 사연은 갈수록 무성해진다. 서로 다른 부족이면서도 서로의 어깨를 맞대고, 서로 다른 혈통이면서도 서로의 눈빛을 나눈다. 덩치가 크다고 누구 하나 으스대지 않고, 덩치가 작다고 누구 하나 주눅 들지 않는다.

모두는 제 숨결의 높이와 길이대로 음표를 빚는다. 누가 가르쳐 주지 않아도 태고 적부터 자신의 향기와 빛깔을 알고 있다. 궁상각치우, 높낮이와 길이를 선험적으로 분간할 줄 안다. 또한 그것들이 어떤 마디에 들어가 어떤 높이에 자리 잡아야 하는지, 그리하여 어떻게 선율을 이루어야 하는지도 잘 알고 있다. 그렇기 때문에 쓸데없는 욕심을 부리거나 남을 훼방하는 만용을 부리지 않는다. 앞서 가겠다고 새치기 하지도 않고, 더 높은 곳에 오르겠다고 뒷굽을 높이지도 않는다. 오로지 자기의 분수에 알맞은 자기만의 음표를 빚을 뿐이다.

그러다 밤 되어 황홀한 은하(銀河)가 굽이굽이 오선(五線)으로 흐르면 누가 말하지 않아도 진종일 빚은 음표를 거기에 올려놓고는 일제히 탄주(彈奏)를 시작하는 것인데, 도대체 누가 지휘하는 것일까? 완만한 능선과 능선 사이엔 셋잇단음표가 놓이기도 하고, 가파른 기슭엔 늘임표가 슬쩍 모가지를 빼기도 한다. 어디 그뿐인가. 건너편 바위 뒤에서 은근히 기다리고 있던 도돌이표가 아쉬운 음표들의 등허리를 회돌이치기도 하고, 슬쩍 변주를 하여 골골마다 달빛 그늘을 늘이기도 한다. 그러면서도 한 치의 어긋남이 없이 어울리는 마디마디의 화음들. 그 금빛 화음에 온 우주가 넘실넘실 춤추는 것은 얼마나 경이로운 일인가.

숟가락 생(生)

숟가락은 생명이다. 그러므로 산다는 것은 세상의 식탁에서 숟가락을 드는 일이다. 숟가락을 들지 않고 세상을 살아가는 사람은 아무도 없다. 그렇다고 숟가락을 아무렇게나 들어서는 안 된다. 숟가락을 드는 것도 법도와 예의가 있다. 사람의 됨됨이는 그 사람이 숟가락을 어떻게 드는가에 달려 있다. 세상의 식탁에서 자기만의 숟가락질을 만들어 목숨을 가꾸는 일은 결코 쉬운 일이 아니다.

숟가락에는 각 부분별로 명칭이 있다. 음식을 담기 위해 반월형으로 옴팍 패인 곳은 술잎, 그것을 둘러싸고 있는 둥근 테두리는 술날, 긴 손잡이는 술총, 술잎과 술총을 잇는 부분은 술목이라 한다. 이 명칭은 숟가락질의 방법과 기능에 상당한 영향력을 행사

한다. 술잎은 술잎다워야 하고, 술날은 술날다워야 하고, 술총은 술총다워야 하고, 술목은 술목다워야 한다. 이 각 부분들이 제 이름값을 못할 때 세상의 식탁은 혼탁해지는 것이다.

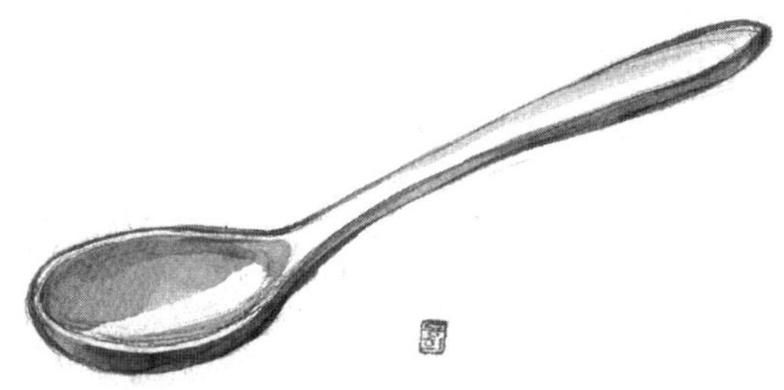

그러므로 숟가락을 바르고 정갈하게 들기 위해서는 이름에 어울리는 대우를 해주어야 한다. 식탁을 향하여 술날을 내밀 때는 부드러운 동심원을 그려야 하고, 술잎엔 피땀 어린 밀알을 채워야 한다. 술날은 상대의 심장을 노리는 날카로운 무기가 아니며, 또한 술잎도 탐욕의 기름진 고기를 채우는 곳이 아니다. 그런데 간혹 술날을 서슬 퍼런 삼지창처럼 사용하거나 술잎을 자신의 욕망이나 채우는 그릇쯤으로 여기는 사람들이 있다. 세상의 식탁이 혼탁해지는 것은 바로 그런 사람들 때문이다.

숟가락은 자신의 지조와 가치관을 드러내는 도구이기도 하다. 더 아름답고 비옥한 음식을 먹겠다며 술목 꺾어 비겁해지는 사람들이 있는가 하면, 새로 지은 창고에 더 많은 음식을 비축하겠다며 술총 굽혀 아부를 일삼는 사람들이 있다. 동서고금의 역사서에 수없는 곡학아세(曲學阿世)가 출몰하는 원인이 거기에 있고, 타산지석(他山之石)이 여전히 이 시대의 화두인 이유도 거기에 있다.

숟가락은 사랑이다. 세상을 산다는 것은 옆 자리에 숟가락 하나 놓아두고 누군가를 기다리는 일이기도 하다. 세상살이란 그렇게 숟가락을 나누는 일이다. 서로서로 인정을 주고받는 일이다. 그러다 바람 소슬한 황혼의 가을이 오면 숟가락을 엎자. 괜스레 미련을 갖는 것은 어리석은 짓이다. 어느 누가 평생 올바른 숟가락질만 하고 갈 수 있겠는가? 숟가락 주고받는 일이 평생 평탄하고 원만할 수만은 없는 일. 어찌 회한과 미련이 없겠는가, 어찌 고까움이 없겠는가? 그러나 때가 되면 모든 것을 조용히 접을 줄도 알아야 하는 법. 마지막 한 술의 애증마저 떨구고 고요한 봉분에 들어야 한다.

인생이 유한하니 이승에서의 숟가락질 또한 유한한 법. 숟가락 놓을 때를 알고 가는 사람의 뒷모습은 아름다운 법이다. 그럼에도 불구하고 한 술이라도 더 뜨기 위해 아웅다웅 다투는 사람들이 있으니, 참으로 꼴사나운 모습이다.

숟가락을 놓아야 할 때 홀연히 놓을 줄 아는 사람, 그 사람이 바로 아름다운 사람이다.

숟가락을 들자 세상의 식탁에서
이왕이면 정갈하고 바르게 들자
둥근 술날 내밀어
부드러운 동심원을 그리되
술목을 꺾지는 말자
반월형 술잎 속엔
피땀 무늬 밀알을 채우되
술총을 굽히진 말자

등 굽은 워낭소리 불러 세워
숟가락 하나 놓아 주고
길 잃은 눈빛도 손짓하여
숟가락 서로 들게 하자
비록 남루를 걸칠지라도
남의 숟가락은 탐하지 말자

그렇게 숟가락 나누다
소슬한 바람이 오면
마지막 한 술 회한마저 떨구고
숟가락을 엎자 홀연히

맑고 고요한 봉분에 들자

하현은 서(西)으로 서으로 흘러

그마저 끝내 풍화의 그믐에 닿으면

숟가락을 놓자 영원히

세상의 식탁에

—「숟가락 생」 전문. 『꽃 찾으러 간다』 2014 실천문학

빈터의 삶

1

꽃밭이 있어 꽃이 피는가? 아니면 꽃이 피어 꽃밭이 되는가?

이 질문은 조금 상투적이다. 그러나 이 질문만큼 우리가 무겁게 받아들여야 할 것들은 이 세상에 그리 흔치 않다. 이 질문은 예나 지금이나 결코 간과해서는 안 될 아주 중요한 삶의 지침을 우리에게 제공해 주고 있기 때문이다. 이 질문의 요점을 이분법적으로 간단히 정리하면 '꽃밭이 먼저인가, 아니면 꽃이 먼저인가'일 터인데, 대답 또한 아주 간단하다. 당연히 꽃이 먼저이다.

태초에 꽃이 있었다. 낮은 곳이든 높은 곳이든, 가까이든 멀리든 가리지 않고 꽃이 있었다. 흙과 물과 햇볕이 있는 곳이면 어디서든 꽃이 있었다. 신분의 지위 고하가 없었다. 큰 꽃도 작은 꽃도, 화려한 꽃도 소박한 꽃도 저마다의 성정(性情)에 아울리는 장소를 차지하고는 함께 어울렸다. 서로가 서로의 손을 내밀어 노래를 불렀고, 그 노랫소리를 들으려 먼 데서도 벌 나비들이 왔다. 그런 꽃들이 있는 세상은 참으로 아름다웠다.

그런데 언제부터인가 꽃밭이 생겨나기 시작했다. 인간이라고 하는 동물이 사는 주거지로부터였다. 인간들은 꽃밭을 만들어 놓고는 거기에 꽃들을 들였다. 그렇다고 아무 꽃이나 들이는 것이 아니었다. 인간들은 모든 꽃들에게 등급을 부여했다. 화려하고 요염한 꽃일수록 높은 등급을 부여했고, 그렇지 않은 꽃일수록 낮은 등급을 부여했다. 그리고는 높은 등급에 속하는 꽃들만 꽃밭에 들였다. 다른 것들은 거들떠보지도 않았다. 꽃들의 등급화는 그렇게 시작되었다.

이기적 욕망이었다. 인간들의 이기적 욕망이 꽃밭을 탄생시킨 것이다. 그렇게 탄생한 꽃밭은 어떤 형태로든 경계를 만들었다. 울타리를 둘러쳐 자신들만의 영역임을 주변에 선포했다. 울타리는 일종의 배척이었다. 여기는 내 영역이니 여타의 꽃들은 감히 들어서지 말라는 경고의 표식이었다. 우월한 자기들끼리만 어울리겠다는 일종의 배타적 과시이기도 했다. 그것을 가시적으로 드러내기 위해 굵은 고딕체로 음각된 명패를 모가지에 걸기도 했다.

실제로 명패를 건 꽃들은 모두 우월했다. 머릿결부터 옷매무새까지 우아하고 고귀했다. 한 마디로 귀족의 티가 났다. 때 되면 물 주고 밥 주고, 그 떠받듦 또한 지극했다. 그에 대한 보답이라도 하듯 꽃밭의 꽃들은 훈풍에 입술을 씻으며 자신의 매력을 뽐냈다. 빨갛고 노랗고 하얗고……. 목덜미에 매혹적인 향수도 뿌렸다. 그렇게 하여 몇몇은 주인의 간택을 받아 극진한 총애를 받기도 했다. 찬양의 헌시(獻詩)마저 받은 꽃들도 한둘이 아니다.

어쩜 애초부터 꽃밭에 들 수 있는 꽃들이 정해져 있는지도 모를 일이다. 대대손손의 꽃밭의 족보를 보면 유감스럽지만 고개를 끄덕일 수밖에 없다. 가정에서건 직장에서건 공원에서건 꽃밭에 든 꽃들은 모두 훌륭한 족보를 가지고 있었다. 결코 멸문(滅門)할 수 없는 명문거족들이었다. 오히려 대를 이을수록 더욱 번창하여 명패의 이력을 매번 바꾸어 달 정도였다. 자기들 끼리만의 정략적 결혼이 그런 진화를 가져왔을 것이다. 이제는 너무 고귀해져 특별한 꽃밭에서 특별한 관리를 받는 신흥 명문거족이 탄생하기도 했다.

그러므로 꽃밭의 주인들은 꽃들의 족보를 애지중지할 수밖에 없었다. 그리고는 필요할 때마다 펼쳐놓고 꽃밭에 들일 꽃들을 선정했다. 족보에 오르지 못한 꽃들은 아예 선정에서부터 제외되었다. 그런 것도 눈치채지 못하고 물색없이 꽃밭 근처를 얼씬거리다가는 큰코다치고 만다. 단박에 뿌리째 뽑혀 내동댕이쳐지기가 일쑤이기 때문이다.

그러므로 꽃밭은 꽃들에 대한 차별의 상징이다. 꽃에 대한 등급이 꽃밭에 들고 못 듦을 전제로 한 것이라면 꽃밭은 엄연한 차별의 상징이다. 인간의 이기적 욕망은 꽃밭의 경계를 중심으로 한쪽은 애지중지하였지만 한쪽은 무관심하거나 천대했던 것이다.

2

꽃은 왜 아름다운가? 이 질문 또한 전통적이다. 그러나 이 질문에 대한 응답은 그리 만만치 않다. 아마 고정관념 탓일 것이다. 우리는 모든 꽃들은 아름답다는 선험적 고정관념을 가지고 있다. 그래서 그 아름다움의 근원에 대한 의문을 소홀히 하고 있었던 것이다. 그러니 응답이 늦을 수밖에 없다. 뒤늦은 응답 또한 궁색

하다. 빛깔과 향기 때문이라는 응답이 제일 많지만, 빛깔과 향기라면 꽃보다 더 좋은 것들이 이 세상에는 얼마든지 있다.

내가 원하는 모범 응답은 지기 때문이다. 꽃은 지기 때문에 아름다운 것이다. 만약 꽃이 그 모양과 그 크기, 그 빛깔과 그 향기로 영원히 피어 있는 것이라면 꽃은 절대로 아름다운 존재의 반열에 오르지 못했을 것이다. 영원한 것은 우리를 긴장시키지 못한다. 오히려 권태를 준다. 권태로운 것은 아름다울 수가 없다. 그래서 지지 않는 조화(造花)는 우리에게 크나큰 감동을 주지 못하는 것이다. 불꽃놀이가 아름다운 것도 그것이 순간적으로 명멸(明滅)하기 때문이고, 청춘이 아름다운 것도 그것이 순간적으로 지나가기 때문이다. 순간적인 것은 아름답다. 다만, 그 순간을 어떻게 피었다가 지느냐, 하는 것이 요체일 뿐이다.

그러나 명심할 것이 있다. '피었다 지는 꽃은 아름답다'라고 했을 때, 꽃의 범주를 정해서는 안 된다는 것이다. 꽃밭에 드는 꽃들만이 꽃은 아니다. 지금도 지구의 곳곳에서는 수없이 많은 꽃들이 피었다 진다. 모양과 크기, 빛깔과 향기도 제각각이다. 그러나 그 대부분은 꽃밭에 들지 못한다. 그렇다고 해서 그들이 아름답지 아니한 것은 아니다. 우리가 자세히, 가까이 보지 않았기 때문이다.

이 세상을 아름답게 만드는 것은 꽃밭에 드는 꽃들 때문이 아니다. 오히려 세상을 아름답게 만드는 것은 비록 꽃밭에는 들지 못하지만 그저 무심한 천성으로 자신의 영역을 지키며 조용히 피었다 지는 꽃들이 있기 때문이다. 보잘 것 없다 하여 아예 무시하거나 천대했지만, 잘 보이지 않는다 하여 무심코 지나치거나 돌아갔지만, 사실은 우리 삶의 빈터에서 묵묵히 꽃으로서의 자기소임을 다하고 있었던 것이다.

눈 들어 보라. 지금도 이 세상 어디에선가 그렇게 조용히 피었다 지는 꽃들이 보일 것이다. 그리고 귀 기울여 보라. 그들이 부르는 나지막한 노래가 들릴 것이다. 그들로 해서 세상은 비로소 아름다워진다. 빈터의 삶이 완성된다.

그리하여 다시 한 번 물어 본다.

꽃밭이 있어 꽃이 피는 것인가? 아니면 꽃이 피어 꽃밭이 되는 것인가?

남들이 모두 직선으로 앞질러가
높은 곳에 눈빛을 심어 두고는
거기에만 물을 주고 있을 때
낮은 도랑가를 서성이며
꽃잎을 여는 사람들이 있다

깊고 높은 산 속이거나
잘 가꿔진 논밭이거나
화사한 꽃밭에도 한 번
들지 못하고, 거친 언저리에서 묵묵히
바람 앞에 꽃잎 흔드는 사람들이 있다

언제나 선(線) 밖에 선 그들은
사람들이 버리고 간
눈빛과 발자국 위에서만 꽃을 피운다
서로가 서로의 가녀린 어깨를 맞잡은 채

그들로 해서 채워지는 빈터의 삶
돌아보면 세상은 비로소 온전해진다

우리가 걸어가는 이 길이, 그래도
적적하지만은 않은 것은
우리들 중 많은 사람들이 아직도
낮은 목소리로 그렇게
피고 지고 있기 때문은 아닐까

—「개망초」 전문. 『오래된 흔적』 2003 온누리

섣달그믐

1

어제와 오늘의 경계는 어디인가? 이 질문은 간단해 보이지만 결코 간단하지가 않다. 왜냐하면 시간은 단 한 순간도 멈추지 않는 무한한 흐름이기 때문이다. 시간적인 것뿐만 아니라 공간적인 것도 마찬가지이다. 엉덩이와 허벅지의 경계는 어디인가? 이 질문에도 선뜻 답하기 어렵다. 그 누구도 그 경계를 명확하게 구분할 수 없기 때문이다. 이와 같이 우리 눈앞에 펼쳐지고 있는 모든 현상계는 분절되지 않고 연속되어 있다.

그러나 우리의 인식 세계는 이러한 연속적인 것을 분절시켜 기억하고 있다. 잠시도 쉬지 않고 영겁으로 흘러가는 시간을 분절시켜 어제와 오늘 등으로 기억하고 연속적으로 이어진 신체도 분절시켜 엉덩이와 허벅지 등으로 기억한다. 바로 언어의 분절적 속성 때문이다. 언어는 연속적으로 존재하는 사물과 현상을 끊임없이 분절시키며 경계를 만들어 놓는데, 우리는 그것을 언어의 분절성(또는 불연속성)이라고 일컫는다.

이러한 언어의 분절성은 전체성을 파악하는 데 약간의 장애가 되기도 하지만, 사물이나 현상을 보다 명확하게 인식할 수 있다는 점에서 많은 장점을 가지고 있다. 만약 언어의 분절성이 없었더라면 우리는 우리가 살고 있는 이 세상을 이해하는 데 많은 어려움을 느꼈을 것이다. 공간에 대한 이해만큼은 언어의 분절성을 모른다 해도 어느 정도 가능하겠지만, 시간에 대한 이해만큼은 언어의 분절성에 대한 이해 없이는 불가능하다. 우리는 시간의 흐름을 분초 단위로 분절시켜 이해하고 축적한다. 그것이 바로 역사이다.

그 역사 속에 이입되어 있는 개인의 삶도 마찬가지이다. 분절된 시간으로 말미암아 어제와 오늘이 존재하고, 올해와 내년이 존재한다. 그리하여 나이가 존재한다. 생(生)의 시간을 일정한 기준에 의해 분절해 놓은 숫자가 바로 나이인 것이다.

분절된 시간은 우리에게 많은 철학적 사고를 요구한다. 어제와 오늘은 다른 것이고, 오늘과 내일도 다른 것이다. 이것을 묶어 태양의 주기에 맞추어 다시 분절하면 작년과 올해가 다른 것이고,

올해와 내년도 다른 것이다. 과거는 늘 회한과 성찰의 거울이고, 미래는 늘 꿈과 욕망의 구름이다. 현재는 그 둘 사이를 잇는 갈등과 결핍의 교량이다.

분절된 시간은 우리를 늘 깨어 있게 한다.

그런데 언제부터 우리 인간이 시간 개념을 갖게 된 것일까?

그 상징적 단서를 성서(聖書)에서 찾아보기로 하자.

2

구약의 창세기에 의하면 하나님은 빛과 어둠, 물과 하늘, 우주와 생명들을 차례대로 창조한 다음, 마지막 여섯째 날에 인간을 창조했다고 한다. 자신의 형상을 본떠 진흙으로 빚은 후 거기에 생명을 불어 넣고는 아담이라 이름 지어 에덴동산에 살게 했다는 것이다.

이 최초의 인간인 아담은 에덴동산을 일구고 가꾸는 소임을 맡았다. 아담은 거기서 하나님으로부터 죽음과 직결되는 금단(禁斷)의 징표를 한 장 받게 되는데, 그것이 바로 선악과(善惡果)에 대한 경고였다. 에덴동산에 있는 모든 나무의 열매는 따먹을 수 있지만, 단 하나, 선악과만은 절대로 따먹지도 만지지도 말라고 한 것이다. 먹으면 '죽으리라'는 것이다. 하나님은 그렇게 금단의 경고를 아담에게 주고는 모든 짐승과 새들을 에덴동산에 풀어 놓았다. 그리고 아담이 적적할까봐 그가 잠든 틈에 그의 갈비뼈를 취하여 이브를 창조하고는 아내로 삼게 하였다. 그 모습을 보고 하나님은 '보기 좋았다'라고 하였다.

인간이 살아온 기록을 역사라 한다면 그 역사의 굴곡에는 수많은 금기(禁忌), 또는 금단(禁斷)이 존재한다. 국어사전에 의하면 '금기'는 '마음에 꺼려서 하지 않거나 피함'으로 되어 있고, '금단'은 '어떤 행위를 못하도록 금함'으로 되어 있다. 다시 말하면 '금기'는 자율적 의지의 개념이고, '금단'은 타율적 억압의 개념이다. 그런데 하나님은 '금기'가 아닌 '금단'의 경고를 아담과 이브에게 준 것이다.

그러나 이 세상에 나온 모든 금단의 경고는 깨지게 되어 있다. 금단의 경계를 넘어가고자 하는 인간의 유혹은 언제나 경고의 비극성을 초월하는 강력한 마력을 가지고 있기 때문이다. 아담과 이브도 처음에는 한 쌍의 어여쁜 애완동물처럼 금단의 경고를 잘 따랐을 것이다. 그러나 그 시간은 그렇게 오래 가지 않았다. 이브의 내면 깊숙한 곳에서 금단의 경계 너머에 대한 호기심이 서서히 자라나기 시작한 것이다. 뱀 한 마리가 혀를 날름거리며 고개를 쳐들었던 것이다.

"너희가 결코 죽지 않으리라. 먹으면 눈이 밝아져서 하나님처럼 지혜롭게 되리라."

뱀의 유혹은 달콤했다. 먹으면 '죽으리라'가 아니라 먹으면 '지혜롭게 되리라'는 것이다. 하나님은 너희들이 그 열매를 먹고 하나님처럼 지혜롭게 될까봐 그런 경고를 준 것이지 결코 죽음을 부르는 열매가 아니라는 것이다. 사실 그것은 뱀의 목소리가 아니라 이브의 내면에서 속삭이는 유혹의 목소리였다. 먹을 것인가, 말 것인가? 하나님의 경고대로 먹으면 정녕 죽을 것인가, 아니면 죽지 않고 지혜로워질 것인가? 하나님이 말하는 죽음과 뱀이 말하는 죽음은 같은 것인가, 다른 것인가?

그리고 마침내 판단했을 것이다. 아니, 이미 결론을 내려놓고 있었을 것이다. 하나님이 말하는 '죽으리라'는 영생(永生)의 반대 개념일 것이고, 뱀이 말하는 '죽지 않으리라'는 지혜의 샘이 마르지 않는다는 의미일 것이라고. 갈등의 시간을 길지 않았다. 이브는 기꺼이 선악과를 깨문다. 그리고는 아담에게도 권유한다. 그리하여 에덴동산에 세워졌던 인류 최초의 금단의 경고는 허물어지고 만다.

금단의 경고를 넘어선 그들이 맨 먼저 느낀 감정은 부끄러움이었다. 자신들이 벌거벗고 있음을 부끄러워한 것이다. 그런데 왜 갑자기 부끄러워한 것일까? 도대체 무슨 이유로 그토록 부끄러워한 것일까? 그랬을까? 그때서야 하나님의 경고를 어기고 선악과를 따먹은 잘못을 깨달은 것일까, 아니면 서로의 육체를 성적(性的) 대상으로 바라보기 시작한 것일까? 잘못을 깨닫는 마음도 부끄러움이요, 서로에 대한 성적 호기심 또한 드러내기 어려운 욕망이다. 어쩜 그들은 이 두 가지를 다 느꼈을지도 모를 일이다.

그래서 아담과 이브는 무화과나무 뒤로 몸을 숨긴다. 이때 인간에 대한 하나님의 최초의 질문이 에덴동산을 울린다.

"아담아, 너는 어디에 있느냐?"

전지전능하신 하나님이 설마 아담의 행방을 모르고 있지는 않을 터인데, 하나님은 짐짓 묻고 있는 것이다. '아담아, 너는 어디에 있느냐'고 사실 이 질문은 결코 간단한 질문이 아니다. 하나님은 인간을 창조하면서 그 이름을 '아담'이라고 명명했는데, '아담'이란 말은 원래 인간이라는 뜻을 가진 단어였다고 한다. 그렇다면 '아담아, 너는 어디에 있느냐'는 '인간아, 너는 어디에 있느냐'의 의미로 바꾸어 받아들여도 상관이 없을 것이다.

인간은 어디에 있는가? 올바른 위치에서 올바른 방향으로 가고 있는가, 아니면 잘못된 위치에서 잘못된 방향으로 가고 있는가? 이 질문은 성서(聖書)의 시대부터 지금까지 조금도 변하지 않는 영구불변의 실존적인 질문이다. 그러므로 '아담아, 너는 어디에 있느냐'라는 이 질문은 하나님이 인간에게 던지는 최초의 질문인 동시에 인간이 인간에게 던지는 뼈저린 자성적 질문이기도 하다.

그러나 이 질문에 대한 대답은 아직도 정답이 없다. 그러므로 하나님이 인간에게 던진 이 질문은 아직도 유효한 진행형이라고 해야 할 것이다.

아담과 이브는 금단의 경고를 무시한 죄로 출(出)에덴을 하면서 출산과 노동의 고통을 받는다. 그런데 이 고통은 오히려 인간을 가장 인간답게 만든 하나님 최고의 선물이라는 아이러니를 가지고 있다. 출산은 사랑의 아름다움을, 노동은 땀의 숭고함을 인간에게 선물하였고, 이를 완성하기 위한 고뇌와 사색, 그리고 상상력을 주었기 때문이다.

에덴동산에서 아담과 이브는 사랑을 했었을까? 사랑을 했다면 그 사랑은 과연 어떤 모습이었을까? 서로의 몸을 애무하며 쾌락으로 가는 사랑의 행위도 즐겼을까? 자못 궁금해지는 대목이다. 에덴동산에서의 그들은 부끄러움을 몰랐으므로 사랑의 행위를 즐겼다면 아무 데서나 서로 부둥켜안고 뒹굴었을 것이다. 그렇다면 하나님도 심심찮게 그런 사랑의 행위를 내려다보셨을 터인데, '보기 좋았다'라고 하신 말씀은 바로 그런 장면이었을까? 아닐 것이다. 하나님이 포르노 중독증도 아니고 관음증 환자도 아닌 바에야 어찌 그런 장면을 즐겼겠는가? 그럼 어땠을까?

에덴동산에는 잉태와 출산에 대한 기록은 없다. 사랑의 행위를 즐겼다면 당연하게 잉태와 출산에 관한 기록이 있을 법도 한데 에덴동산 어디에도 그런 기록은 보이지 않는다. 사랑을 했다는 기록도 없다. 그렇다면 아담과 이브는 어떤 관계였을까? 그냥 서로의 적적함을 달래주는 말동무에 불과했던 것일까? 그래서 서로 부끄러워하지 않았던 것일까?

그런데 출에덴을 하면서 비로소 출산의 고통이 언급되는 것이다. 출산을 하리라는 것이다. 그리고 고통을 느끼리라는 것이다. 출산의 고통은 잉태를 전제로 하고, 잉태는 사랑의 행위를 전제로 한다. 그러므로 출산의 고통을 얻었다는 것은 잉태를 하였다는 의미이고, 잉태를 하였다는 것은 그들이 사랑을 시작하였다는 것을 의미한다. 사랑을 시작하였다는 것, 그것은 곧 서로를 성적 대상으로 바라보기 시작했다는 말과도 통한다. 예나 지금이나 사랑의 밑바탕에 깔려 있는 것은 성적 욕망이다. 누구든 사랑을 시작하면 그 내면 깊숙한 곳에서 성적 욕망이 은밀히 똬리를 틀기 시작한다. 그런데 그 성적 욕망을 아담과 이브가 읽어내게 된 것이다. 바야흐로 사랑을 할 줄 아는 동물로 거듭 태어나게 된 것이다.

하나님이 이브에게 출산의 고통을 주었다면, 아담에게는 평생 땀을 흘려야 하는 노동의 고통을 주었다. 에덴동산에서는 무위도

식(無爲徒食)했지만, 하나님의 영역 밖에서는 노동을 하여 그 대가로 먹고 살라는 것이다. 먹고 사는 방편이 노동이었던 셈이다. 그렇게 하여 노동의 고통도 인간에게로 왔다.

그러나 노동 또한 인간만이 즐길 수 있는 최고의 덕목이 아니던가. 땀과 삶은 불가분의 관계에 있다. 땀 흘리는 노력 없이 이루어지는 삶은 없다. 삶이란 씨와 날로 교직(交織)된 땀의 카펫이다. 그런데 출에덴을 하면서 인간은 비로소 삶의 카펫을 짤 수 있는 의지의 존재가 된 것이다.

그러나 인간은 하나님의 경고대로 유한(有限)하면서도 불완전한 존재가 되어 버렸다. 하나님의 '죽으리라'는 경고가 이루어진 것이다.

출산은 유한적(有限的) 존재만이 가질 수 있는 특권이자 고통이다. 만약 인간이 무한한 존재라면 굳이 고통을 무릅쓰면서까지 출산을 할 필요는 없을 것이다. 그러므로 이브가 출산의 고통을 얻게 되었다는 말은 인간이 무한적(無限的) 존재에서 유한적 존재로 바뀌었음에 대한 인식이기도 하다.

이런 유한성에 대한 인식은 시간 개념을 만들어냈다. 과거와 현재를 만들어냈고, 미래를 만들어냈다. 과거, 현재, 미래로 분절된 시간의 마디는 우리에게 끝없는 고뇌와 사색을 요구한다. 그리고 이를 효과적으로 관리하기 위하여 인간은 기억과 기록, 그리고 상상의 능력을 갖게 되었다. 기억과 기록은 인간으로 하여금 자신의 삶을 보다 효과적으로 계획하게 만들었으며, 상상력은 인간으로 하여금 무한대의 세계를 꿈꿀 수 있게 만들어 주었다. 현실 세계에서 이루어질 수 없는 것도 상상의 세계에선 얼마든지 가능했다.

그러므로 출에덴은 저주가 아니라 축복이다. 출에덴은 인간이 신의 지배로부터 벗어나 자아를 가진 실존적 인간으로 다시 태어났음을 알리는 자주적 독립 선언인 동시에 이 지구상에 호모 사피엔스(Homo sapiens)의 위대한 역사가 시작되었음을 알리는 상징적 행위이기도 하다. 이로 인하여 인간은 낙원이 아닌 현세에서 비로소 인간다워진 것이다. 신의 역사가 아니라 인간의 역사가 쓰이기 시작한 것이다.

3

섣달이다. 한 해의 마지막 달이다. 그리고 그 마지막의 마지막인 그믐이다. 섣달그믐이다. 이제 조금 있으면 제야(除夜)의 종소리가 울릴 것이다. 그렇게 한 해의 경계를 넘어가며 나이테 하나를 더할 것이다.

인생은 유한하고 한 번 간 세월은 돌아오지 않는다.

어떠하신가. 이 한 해의 경계에서 우리들 모두 제야의 종소리를 들어보는 것은. 또다시 성찰과 희망의 촛불 한 자루 밝혀 보는 것은.

그리고는 내면에서 촛불처럼 날름대는 뱀의 유혹에 또다시 귀 기울여 보는 것은.

잘 가라. 내 이제 고삐를 놓으리니
얼음 숲을 빠져나온 아지랑이들아
산으로 들로 줄달음치던 뜨거운 꽃들아
더러는 유황불 베어 물고
사나흘 밤낮을 으르렁대던 늑대들아
너희들을 살찌울 양식이 더 이상 없구나
잘 가라
한때는 내 겨드랑이를 간질이던 매미들아
너희들도 붙잡을 수 없느니, 잘 가라
가지 끝 마디마디 이파리를 흔들고 가던
그 짧은 노래는 무엇이었는가
아, 나는 그것을 사랑이라 불렀거늘
사랑에도 빛깔이 있다는 것을 처음 알았거늘
우수수 떨어져 내린 빛깔을 지금 물어 무엇하리

바람아, 나이테를 에돌아 한층 단단해진
외로움아, 잘 가라

그러나 또다시 돌아올 그리운 것들아
이 밤 어디서 빗질을 하느뇨

—「섣달그믐」 전문. 『아주 오래된 흔적』 2003 온누리

마의

몇 년 전 T.V에서 『마의』라는 드라마가 방영된 적이 있다. 말의 병세를 진단하고 치료하던 마의(馬醫)가 온갖 시련과 역경을 딛고 사람의 병세를 진단하고 치료하는 인의(人醫)의 맨 꼭대기까지 오른다는 내용이다. 그 바탕에는 말과 사람은 병드는 원인이나 치료 과정이 별반 다를 게 없다는 인식이 깔려 있다.

말을 짧게 발음하면 말〔馬〕이고, 길게 발음하면 말〔語〕이다. 말〔馬〕을 전문적으로 다루는 사람을 마의(馬醫)라 부른다면, 말〔語〕을 전문적으로 다루는 사람은 어의(語醫)라 부를 수 있는데, 현실에서 어의(語醫) 노릇을 하는 사람들이 바로 작가이다.

다시 말해서 작가는 말〔語〕을 전문적으로 다루는 사람들이다. 앞에서 말〔馬〕과 말〔語〕을 다루는 것이 별반 다르지 않다 했으니

'말'이라는 음절을 차용하여 두 부류를 모두 '마의'라 칭하기로 하자.

작가라는 존재는 모두 말을 전문적으로 다루어 보겠다며 먹을 갈아 붓을 세운 마의들이다. 그러나 전문적인 마의가 되는 길은 결코 만만치 않다. 조로서도(鳥路鼠道)의 잔도(棧道)와 외줄을 감내해야 하는 험난한 길이다. 수없이 편자를 갈아 끼워야 하고 가끔은 목숨도 걸어야 한다. 그럼에도 불구하고 그 길의 끝에는 룽다* 휘날리는 우화(羽化)의 법열이 있다고 믿어야만 하는 길이다. 그러므로 마의의 길은 천형(天刑)의 길이기도 하고, 천복(天福)의 길이기도 하다.

그 길을 가고자 길을 나선 사람들이 바로 작가들이다. 그러나 누구나 진정한 의미의 마의가 되는 것은 아니다. 말을 함부로 다루면 산야(山野)의 아름다운 꽃들을 짓밟는 난폭한 야생마가 될 수도 있고, 그렇다고 소홀히 여겨 저만치 방치해 두면 비루먹은 당나귀가 될 수도 있다.

요즘 항간에 보면 나름대로 훌륭한 마의라 자부하는 사람도 있지만, 그 내막을 들여다보면 꼭 그런 것만은 아닌 것 같다. 그렇

---

* 바람이란 뜻의 '룽'과 말이란 뜻인 '다'가 합쳐진 티베트 말로서, 천으로 된 깃발이다. 히말라야 산 언덕이나 산간 마을에 어김없이 나부끼는 이 깃발에는 히말라야 사람들의 해탈을 염원하는 불경이 적혀 있다.

기 때문에 아직도 수많은 마의들이 그 청정한 경지에 이르기 위해 불면(不眠)의 밤을 절차탁마(切磋琢磨)로 보내고 있는 것이다.

여기서 잠깐 걸음을 멈추고 스스로에게 질문을 던져보자.

나는 말의 특성을 잘 알고 있는가?

나는 말의 진맥을 짚어 병세를 살필 수 있는가?

나는 병든 말의 치료 방법을 알고 있는가?

나는 말과 궁극으로 하나가 될 수 있는가?

말의 특성을 모르면 진맥을 할 수 없고, 진맥을 할 수 없으면 병세를 모르고, 병세를 모르면 그 치료 방법이 없고, 치료 방법이 없으면 말과 하나가 될 수 없다. 마음으로야 다 그런 마의가 되고 싶겠지만 실제로 그런 능력을 모두 갖춘 마의는 흔하지 않다. 알록알록 꽃단장으로 우쭐대거나, 정체를 알 수 없는 색안경으로 왜곡하거나 어울리지 않는 투구를 쓰고 제멋대로 뒷발질하는 말들이 너무나 많다. 준마도 아닌 그런 말들이 세상을 횡행하는 것은 안타까운 일이다. 그래서 누군가 말했다. 그런 겉멋 든 마의가 많아질수록 세상은 혼탁해진다고.

말은 애완용도 치장용도 아니다. 더구나 과시용은 더더욱 아니다. 말과 마의는 서로가 수단도 아니고 목적도 아니다. 서로가 날

숨과 들숨을 함께하는 일심동체일 뿐이다.

적토마나 오추마의 주인은 아무나 되는 것이 아니다. 말과 주인은 늘 한 몸으로 교감하며 천지운행의 질서에 어긋나지 않아야 한다. 그래야만 함께 천하를 주유하며 사막 한 가운데에 오아시스를 세울 수 있는 것이다.

다시 말하건대 작가들은 모두 말을 다루는 마의이다. 아니, 그렇게 자처하고 있다.

누구나 말을 달려 말을 부리지만
누구나 훌륭한 마의가 되는 것은 아니다
무릇 말의 성정이란 매우 섬세하고 예민한 것이어서
일기 불순하거나 음식이 거칠면
요망한 바람이 되어 세상을 전횡하기도 하고
더러는 해독할 수 없는 워낭 소리로 우쭐대다가
길모퉁이마다 험한 발톱 자국을 남기기도 하느니
그리하여 진정한 말의 주인이 되기 위해서는
천지운행의 진맥을 짚어 그 병세의 유무를 살피고
병세가 있으면 침과 뜸으로 운기조식을 시킨 다음
날숨과 들숨을 뭇 생명과 연결하여
서로의 기혈을 다스리는 비술을 익혀야만 하는 것이라

그때가 되면 비로소 말과 마의는 주종의 관계를 넘어
진정한 형용의 일심동체가 되었다 일컫는 것이니
그 경지라야 모래바람 흩날리는 사막 한 가운데에
천의무봉의 오아시스를 양각할 수 있는 것이라
보았는가, 지금도 찢어진 의서의 한쪽에 전하는
난치의 세상을 구휼하기 위해 천하를 주유했다는
이미 전설이 되어 버린 무림 명마의 화상을
오호라, 그런데도 어쩌자고 그대는
진맥 한번 제대로 하지 않은 비루먹은 말의 잔등을 몰아
감히 세상과 일 초식을 겨루려 하는가

—「마의」 전문. 『꽃 찾으러 간다』 2014 실천문학

마의는 때에 따라서 겸손과 패기를 양날의 검처럼 쓸 수 있어야 한다. 천지만물이 탄주(彈奏)하는 화음 앞에서는 더불어 워낭을 울릴 줄 알아야 하고, 그것을 깨뜨리는 불의한 세상과는 언제 어디서든 일 초식을 겨루기 위해 고삐를 바투 잡을 줄도 알아야 한다.

물론 그런다고 해서 누구나 다 무림명마의 전설이 되는 것은 아니다. 또한 무림명마의 전설에 너무 현혹되어서도 안 된다. 그것은 그저 전설일 뿐이다. 전설이란 누구나 쉽게 도달할 수 있는

경지가 아니다. 그러므로 마의들에게 그 경지는 성지(聖地)와도 같은 것이다.

그 성지를 향해 길을 떠난 고독한 여행자가 바로 마의인 것이다. 그 험난한 순례의 길에서 말과 함께 풍찬노숙을 하며 천지운행의 섭리에 귀를 기울일 줄 아는 점성술사가 바로 마의인 것이다. 그러면서 그 형극(荊棘)의 길을 운명으로 알고 조로서도의 잔도와 외줄을 결코 피하지 않는 순례자가 바로 마의인 것이다.

나도 알고는 있다 우리가 가는 이 길이
끝내 성지(聖地)에 도달하지 못하리라는 것을

히말라야의 짧았던 여름
네가 발굽 경전 두드리며 초원을 질주하면
나는 흉내 서두르다 무릎 흉터 일쑤였고
내가 황모필 가지런히 합장을 하면
너는 늘 먼산바라기였다

너와 나, 서로의 고삐를 놓고
그리하여 이 산천의 허허로운 바람이 되어
네가 설산을 넘어 마을에 들면

나는 거기서 한 폭의 룽다로 휘날리고
내가 꽃 속에, 구름 속에 들면
네가 거기서 한 폭의 룽다로 휘날리는
그런 꿈으로 순례의 길을 떠났건만

지금, 여름보다 짧은 가을이
위태롭게 길을 떠메고 있다

묻지 말자 애당초
누가 먼저 이 길을 떠나자고 했는지

길은 여전히 설산을 향해 고개를 들고 있고
우리의 등짐엔 아직 편자 몇 족 남아 있다

—「차마고도 4」 전문. 『꽃 찾으러 간다』 2014 실천문학

육전반상(六煎飯床)

사람들은 모두 길 위에 있다. 그 길은 만났다 갈라지고, 갈라졌다 만나기를 반복한다. 그것이 세 갈래면 삼거리라 부르고 네 갈래면 사거리라 부른다. 물론 오거리도 있고 육거리도 있다. 그러므로 길의 갈래가 많다는 것은 그만큼 사람의 수도 많다는 것을 의미한다. 그래서 예로부터 그런 곳엔 시장이 생겼다.

육거리 시장이 바로 그런 곳이다. 육거리 시장은 충북 청주에 있는 전통 재래시장이다. 청주의 한복판인 상당 사거리에서 남쪽으로 향하던 길이 석교동에 이르러 여섯 갈래로 갈라지는데, 바로 거기에 형성되었다고 해서 붙여진 이름이다.

전통 재래시장은 예나 지금이나 서민들의 고단한 삶의 일상이 있는 곳이다. 거기에는 여전히 낡은 잠바때기의 푸석한 허세가 있고, 철 지난 몸빼바지의 애달픈 사연이 있다. 또한 거기에는 허리 굽은 노년의 쓸쓸한 회한이 있고, 구레나룻 중년의 허망한 분노가 있다. 그리하여 거기에는 아직도 끊임없이 이합집산(離合集散)을 하는 신산(辛酸)한 삶이 있고, 그 신산한 삶이 엮어가는 삶의 공동체가 있다.

나는 그 삶의 공동체에서 풍기는 사람 냄새를 좋아한다. 그래서 육거리 시장엘 자주 간다. 시장 골목은 석교동에서부터 남주동까지 아주 길고 복잡하게 얽혀 있어 자칫 방심을 하면 방향을 잃을 수도 있으니 조심해야 한다. 수많은 좌판과 점포가 그 골목골목을 빈틈없이 채우고 있다. 취급하는 물품 또한 다양하기 그지없다. 정말로 없을 건 없고, 있어야 할 건 다 있을 것만 같다. 그만큼 기웃거릴 게 많으니 순례의 재미 또한 쏠쏠한 편이다.

순례는 언제나 먹거리 골목에 와서 끝이 난다. 거기에 나의 단골 술집인 '종가전집'이 있기 때문이다. 아주 조그맣고 허름한 전(煎) 전문 술집이다. 시장통 술집답게 늘 시끄럽고 조금은 지저분하다. 장소 또한 비좁아 종종 모르는 사람끼리도 합석을 해야만 하는 경우도 있다. 그러나 그것에 대해 시비를 거는 사람은 없다.

나도 그렇게 몇 번의 합석을 했다. 서넛일 때도 있었고, 대여섯일 때도 있었다. 그런데 가끔 거기에서 문제가 생기기도 했다. 가뜩이나 조그만 술탁이 각자의 술과 안주를 다 감당하지 못했던 것이다.

그러나 해결은 의외로 간단했다. 커다란 접시에 모두의 안주를 함께 담으면 되었던 것이다. 즉석 모둠전이었다. 그때 누군가 제안을 했다. 이왕이면 육거리 시장이란 이름답게 구색을 맞추어 전(煎)의 개수도 아예 육전(六煎)으로 하자고. 우리는 흔쾌히 동의했다. 그렇게 해서 탄생한 것이 바로 육전반상(六煎飯床)이다. 가진 것 없는 자들의 조촐한 축제였다.

그러다 보면 먼지 낀 작은 창문으로 얼큰해진 노을이 아름다웠다.

거기, 육거리 시장에 가면
육인용 식탁이 딱 세 개만 있는
조그맣고 허름한 전(煎) 전문 술집이 있다
여섯 방향에서 왔지만 너나없이
같은 번철 위 신세인데 내외할 건 뭐 있냐며
스스럼없이 궁둥짝 디밀고는
막걸리에 파전을
소주에 고추전을
맥주에 해물전을
녹두전을 김치전을 감자전을

저마다의 입맛대로 이것저것 시키다 보면
어느덧 제 꼴을 갖추는
우리들만의 육전 반상이 있다
또다시 공순이가 된 아줌마도
칠순이 넘은 이장 할아버지도
몽골 색시와 배 맞춘 대머리 아저씨도
진양조에서 휘몰이까지
더러는 엇모리로 건배를 하는
송진내 나는 삶의 옹이가 있다
그러다 해조음 낮게 깔리는
어스름한 파장이 오면
온 길 되짚어 여섯 방향으로 비틀대는
얼큰한 노을이 있다
거기. 육거리 시장에 가면

—「육전반상」 전문. 『꽃 찾으러 간다』 2014 실천문학

소나기

가랑비가 야들야들한 풀꽃 내음 날리며 연초록 그리움으로 오는 것이라면, 소나기는 비릿한 흙내음 일으키며 검푸른 열정으로 온다, 또한 가랑비가 달팽이처럼 예민한 촉각을 앞세워 조심스럽게 오는 것이라면, 소나기는 억센 갈기바람 앞세워 거칠게 온다.

그래서 소나기는 오후 3시쯤 쏟아져야 격에 어울린다. 그것도 딱 20분 정도만 미친 듯이 휼때리고 거짓말처럼 말짱하게 개야 한다. 그리고 소나기는 불법 침입자처럼 전혀 예고 없이 찾아와야 매력이 있다.

점심을 먹고 난 오후 3시의 땀내 나는 후텁지근함. 그때 느닷없이 하늘과 땅을 어둡게 덮으며 내리는 소나기는 한 마디로 신선한 충격이다. 그럴 때 볼펜이나 굴리고 있는 일은 꼴사나운 짓이다. 단호히 의자를 돌려놓아야만 한다. 그리고는 유리창에 와 대가리를 부딪고 와락 속내를 드러내 보이는 빗줄기를 바라볼 일이다. 방금 전까지 더위에 허덕이다 서로들 손잡고 와르르 일어나 벌이는 나뭇잎들의 군무(群舞)를 바라볼 일이다. 어느 것 하나 싱싱하지 않은 게 있을까? 떨어진 빗방울들은 다시금 어깨를 맞대어 온갖 잡쓰레기를 몰고 가는 도도한 물줄기가 된다. 스물을 갓 넘긴 사내들의 뜨거운 함성이 된다. 그것을 한참 바라보고 있으면, 그때껏 가슴에 응어리지었던 일상의 모든 찌꺼기들이 말끔히 씻기어 떠내려가고, 그 자리에 새로운 열정이 오로록 고임을 느낄 수 있을 것이다.

우리는 짜증스러운 오후 3시의 거리를 걷다가도 소나기를 만날 때가 있다. 채 우장(雨裝)을 갖추지 못한 사람들이 후다닥 빌딩의 입구 쪽으로 뛰어드는 모습이 참으로 부산스럽다. 그러나 그들의 얼굴을 자세히 보면 우장(雨裝)을 갖추지 못한 것에 대한 낭패감보다는 오히려 가벼운 흥분으로 바알갛게 상기되고 있음을 알게 될 것이다. 그 얼굴들과 함께 일순 인적이 끊긴 보도 위로 세차게 내리꽂히는 굵은 빗발을 바라보는 것은 즐거운 일이다. 가야 할 목적지도 잠시 잊은 채 그저 멍청하게 거리를 바라보아도 좋다. 이 각박한 세상에서 가끔은 아무 생각 없이 멍청해지는 것도 정신 건강에 좋으리라. 그럴 때에 블라우스가 반쯤 젖어 속살이 훤

히 들여다보이는 묘령(妙齡)의 여인이 앞에 서 있다면 그야말로 금상첨화(錦上添花)다. 방금 뛰어온 숨찬 호흡 사이로 터져 나오는, 정신마저 아뜩해지는 그 묘한 향취. 그래서일까? 소나기에는 식은 가슴을 새롭게 뛰게 하는 향기가 있다. 비릿하면서도 날카로운.

들판에서 만나는 오후 3시의 소나기는 우리를 경건하게 한다. 그토록 자지러지던 매미의 울음소리도 뚝 끊기고, 검푸른 논밭의 곡식들이 일제히 고개를 쳐들며 일렁이는 모습. 하늘과 땅이 비로소 순연(純然)한 몸짓으로 서로를 찬양하며 벌이는 그 눈부신 축제 앞에 한동안 하늘과 땅을 잊고 산 우리 모두는 삼가 걸음을 멈춰야 한다. 우산 없이 흠씬 젖어야 한다. 그리고는 그들이 주고 받는 싱그러운 언어에 귀 기울일 일이다. 때마침 불어난 봇물을 차오르는 피라미 떼의 은빛 비늘을 따라가 유년의 꿈도 만나볼 일이다. 하늘과 땅의 일부가 되어 맑고 투명하기만 하던, 그 누가 뭐라 해도 끝내 지워낼 수 없는 영원한 문신(文身)의 계절-그런 계절이 있었기에 우리가 이제껏 목숨을 키우며 살아올 수 있었던 것은 아닐까?

소나기는 그렇게 사무실에서 거리에서 들판에서 우리의 늘어진 오후 3시의 감각을 일깨워 준다. 불과 20분 정도의 서늘한 일깨움. 그 일깨움이 여름의 무더위를 이기게 하고, 우리의 삶을 살찌게 한다.

올 여름에도 오후 3시의 소나기는 내릴 것이다. 검푸른 열정의 야생마와 같은. 그 예고 없는 소나기가 하늘과 땅을 아찔하게 덮어간 이후, 다시금 사무실을 보고, 거리를 보고, 들판을 보라.

아, 거기에 쌍무지개가 영롱히 빛나고 있을 것이다.

제2부

우기(雨期)

1

비가 내린다. 앞산 날망에도 내리고 뒷산 모롱이에도 내린다. 논밭을 건너면서도 내리고 울타리를 넘으면서도 내린다. 지붕에도 내리고 마당에도 내리고 텃밭에도 내린다.

텃밭에 내리는 빗줄기는 등이 굽었다. 어머니처럼 등이 굽었다. 멀리 떠나보지도 못하고 울타리 안에서만 바장이더니 기어코 등이 굽었다. 콜록콜록 등이 굽었다. 등 굽은 빗줄기가 텃밭을 적신다. 초록 채마를 적신다.

굽어 내리는 빗줄기는 말릴 틈도 없이 굽어 내린다. 이제는 몇 포기 남지 않은 생(生)의 이랑 위로 간단(間斷) 없이, 그러나 끈질기게 굽어 내린다. 텃밭에 내리는 빗줄기는 그렁그렁 젖어 있다.

손을 뻗어도 닿지 않는다. 지척인데도 닿지 않는다. 우산을 건네지만 자꾸 멀어진다. 멀어지며 어머니 웃으신다. 웃으시며 손사래 치신다. 이미 굽어 젖었으니 오지 말라고. 괜한 짓으로 발목 적시지 말라고.

비가 내린다. 콜록콜록 내린다. 내리는 비는 등이 굽었다. 등 굽은 비가 만물을 적신다.

2

어머니는 지금 요리 삼매경이다
빗줄기는 여전히 창문을 흔드는데
방금 뜯어 온 무청을 앞에 놓고는
하마 반 시진이 넘는다

어떤 양념이 좋을까
소금 간이 좋을까, 간장 간이 좋을까
당신만의 요리 비법이
머릿속에 맴돌고 있는 모양이다

도마 위에 펼쳐지고 있을 칠십하고도 여섯 해의 생애
민들레 꽃씨처럼 함께 늙어온 남편과

이제는 제법 새파래진 무청 같은 자식들
그들의 식탁에 올릴 마지막 요리는
달콤한 양념이 좋을까
매운 양념이 좋을까

이왕이면 더 때깔 좋고 맛깔스러운
가족의 만찬을 위하여
어머니는 조바심을 내며, 그러나 아주 천천히
자신의 삶을 요리 중이다

—「어머니는 요리 중」 전문

3

어쩌자고 비는 사나흘을 넘기는 것일까? 비긋기를 기다리다 지치신 어머니, 때 이른 모시 적삼을 꺼내 입으신다. 희고 정갈하다.

희고 정갈한 빗줄기가 산을 오른다. 해 묵은 관절염이 절룩절룩 굽이를 돌아선다. 연화사 대웅전은 아슴아슴한 비안개 속이다.

무얼 빌고 싶은 것일까? 현세(現世)의 삶일까, 내세(來世)의 삶일까? 합장한 얼굴이 깊고 그윽하다. 부처님은 말이 없다. 그저 잔잔한 미소로 항마촉지인(降魔觸地印)이다. 절 공양을 하려다 절룩, 결국은 무릎걸음으로 연지못 연잎 위에 오르신다. 엉거주춤 반가부좌로 염주 알을 굴리신다. 가랑가랑 염불을 외신다. 염불은 바람을 타고 서녘으로 서녘으로. 결국은 거기에 닿은 것일까? 똑 또그르 똑또그르. 은회색 염주 알이 물속에 진다.

명부전 시왕님은 저만치서 조용히 지켜만 보시고.

4

이미 예견한 것일까? 청회색 줄무늬의 다듬잇돌 위에 황톳빛 삼베가 가지런하다.

어머니, 방망이를 집어 드신다. 그리고는 딱딱 따다닥 따다닥 딱딱. 길었다가 짧았다가, 빨랐다가 느렸다가. 낙숫물도 장단에 맞춰 처마 끝을 찰방거린다.

방망이질이 한 식경을 넘는다. 그때서야 비로소 거칠고 고단했던 세월의 주름살이 펴지는 것일까? 황톳빛 삼베가 맑고 투명하다.

"이 세상 올 때도 이 때깔이었고, 이 세상 뜰 때도 이 때깔 아니겠냐?"

어머니의 말소리가 낮게 깔린다. 때 이른 저녁연기처럼 뜨락 섬돌을 한 계단 한 계단 흘러내린다. 감히 범접할 수 없는 외경(畏敬)의 음색이다.

"이상도 하지. 낮은 데로 흐르는 것이 세상 이치인데, 낮은 데로 흐르다 보면 게가 바로 하늘이거든."

방망이질을 멈춘 눈길이 멀다. 그 눈길, 너무 아득하여 나는 감히 다다를 수가 없다.

"이젠 이게 나의 마지막 옷이 되겠구나."

대꾸하려다 그냥 고개를 떨군다.

5

마지막
눈꺼풀
떴다
감은

그
찰나!

한 남자와의
다섯 남매와의

수많은

꽃들이

피고 졌지만

아,

지극히도

짧은

—「어머니, 이승을 엿보다」 전문

6

비가 내린다. 대문을 나서도 비가 내리고 동구(洞口)를 나서도 비가 내린다. 모롱이를 돌아도 비가 내리고 기슭을 올라도 비가 내린다. 불이문(不二門)에도 내리고 명부전에도 내리고 연화사에도 내린다.

불이문까지 마중 나온 비는 황톳빛 법복을 입었다. 신심(信心) 곧은 보살의 모습이다. 정성껏 다듬이질 한 탓인지 결이 곱고 부드럽다. 둥둥 날아와 손을 잡는다. 회색 법복이 날개인지 날개가 회색 법복인지 모르겠다. 등을 굽히지도 다리를 절지도 않는다. 무슨 조홧속인지 우산 없이도 젖지 않는다.

다짜고짜 손목 잡아 이끌기에 명부전 시왕님께 삼가 절한 후, 풍경 소리 벗 삼아 석탑 길 걸어도 보고, 이제 마악 피어나는 불두화에 합장도 해 본다. 그러나 아무 말이 없으시다. 어떠냐고, 그토록 서둘러 서역 나라로 떠나시더니 그곳은 어떠냐고, 이것저것 묻고도 싶은데 일언(一言)이 없으시다. 그냥 웃기만 하신다.

함께 돌아가자, 말을 할까? 그러나 부질없다. 생사(生死)의 윤회를 어찌하랴. 슬며시 젖어드는 눈빛, 한 잔 감로수로 씻고는 빗방울 세고 세며 차마 돌아서는데, 매정하셔라. 아무런 기척이 없으시다. 이것저것 먹을 것도 안 챙겨 주시고, 잘 가라 말 한 마디 배웅도 없으시다.

그만 서운하여 냅다 불이문(不二門)을 나서는데, 울컥, 눈물이 난다.

그런데 저 분은 누구신가? 나보다 먼저 문을 나와 저만큼서 어서 오라 손 흔드는 저 여인은, 황톳빛 법복을 입은.

아, 삶과 죽음은 본래 불이(不二)였던가!

갈비뼈

1

머리를 심하게 다쳤다. 아파트 2층 계단에서 넘어진 것이다. 집이 3층이라서 걸어 올라가다가 그만 발을 헛디뎠다. 그 바람에 계단 모서리에 머리를 부딪쳤다. 술이 취였다. 술에 취해 돌아오던 겨울날의 새벽이었다.

걷잡을 수 없이 피가 흘렀다. 머리카락을 적시고 양복 윗도리를 적셨다. 피 냄새가 흥건했다. 나는 서서히 정신을 잃어 갔다. 그러나 정작 문제가 된 것은 그게 아니었다. 얼마나 심하게 부딪쳤는지 뇌출혈이 일어나고 있었던 것이다. 나중에 안 일이지만 정확하게는 외상성경막하 출혈이 일어나고 있었던 것이다. 뇌 속으로도 피가 흐르고 있었다는 얘기다. 119 대원들이 출동했을 때 나는 이미 몸의 반쪽이 마비가 된 상태였다.

설상가상으로 처음 간 대학병원엔 담당 의사가 없었다. 생사(生死)의 경각에서 다시 구급차는 경적을 울렸다. 또 다른 종합병원으로 달렸다. 그리고 뇌수술이 급하게 진행되었다. 설마 죽지는 않겠지, 설마 식물인간은 되지 않겠지. 그게 가족들의 생각이었을 것이다.

소식은 시골에 계시는 아버지에게도 바람처럼 전해졌다.

그러는 동안 나는 생사(生死)의 경계를 여행하고 있었다.

처음 보는 곳입니다
남태평양의 어디쯤인 듯한 아주 작은 섬
바람도 물결도 없습니다
무엇 하나 움직이지 않습니다
시간도 흐르지 않습니다
물은 맑고 투명합니다
멀리 멈춘 듯 검은 배가 보입니다
섬에 들렀다 나가는 것인지
섬으로 들어오는 것인지

아들은 알지 못합니다
어디에서 왔는지
어디로 갈 것인지
서 있는 곳이 피안(彼岸)인지 차안(此岸)인지

수술실 밖에서는 팔순이 넘은 아버지가 노심초사합니다
벽엔 공룡 발자국 화석이 찍힌 포스터가 있습니다
그걸 보며 하마 몇 시간째 눈물을 찍어내고 있습니다

—「父子1」 전문

바람 한 점 불지 않던 맑고 투명한 바다, 그 한가운데에 점처럼 박혀 있던 작은 섬, 그 하얀 백사장 위를 내가 서성거리고 있었다. 무슨 생각을 하고 있었던 것일까? 궁금했다. 그런데 정작으로 궁금해 하고 있는 사람은 백사장 위의 '나'가 아니었다. 궁금해 하고 있는 사람은 바로 백사장 위의 '나'의 생각을 궁금해 하는 또 다른 '나'였다. 내가 나를 내려다보고 있었던 것이다. 그러나 그 궁금증도 오래 가지 않았다. 그냥 아련한 응시만 계속될 뿐이었다.

지금도 생각한다. 그때 수평선 위에 멈춘 듯 떠 있던 검은 배의 정체는 무엇이었을까? 왜 그 배는 그때 거기에 떠 있었던 것일까? 나는 그 배를 기다리고 있었던 것일까? 아니면 배를 배웅하고 있었던 것일까? 그 어느 한쪽이 죽음과 연결되는 것이라면 어느 쪽이 죽음이었을까? 어느 쪽이 피안(彼岸)이고, 어느 쪽이 차안(此岸)이었을까? 나는 지금 차안(此岸)에 있는데…….

수술실 밖에는 팔순이 넘은 아버지도 계셨다. 어렸을 때부터 늘 사고뭉치였던 둘째 아들, 그 둘째 아들이 또 사고를 쳐 생사를 넘나들고 있는 것이다. 밉다. 미워도 참 버르장머리 없이 밉다. 팔순이 넘은 자신도 이렇게 정정한데, 이제 육십갑자의 한 바퀴도 채 돌지 못한 주제에 감히 죽음과 마주하다니. 괘씸하기 짝이 없다.

한 마디로 노심초사(勞心焦思), 그렇게 오락가락 하던 복도의 오른쪽 벽면이었을 것이다. 공룡 발자국 화석이 찍힌 포스터가 한 장 붙어 있었다. 그 포스터를 보면서 무슨 생각을 하셨을까? 아마 그러셨을 것이다. 이왕 세상에 나왔으면 어떤 흔적이라도 남기고 갈 것이지 그냥 헛되이 가서는 안 된다고. 역사의 화석이 되기 위해 평생 노력해야 하는 것이 인생이 아니겠냐고. 그런 생각으로 눈물을 찍어내셨을 것이다.

천운(天運)이었을까? 뇌수술은 성공리에 끝났다. 의식이 가물가물 들어오고 있었다. 의사는 몇 번인가 나의 뇌 상태를 점검했다.

이름을 물었고, 옆에 있는 사람이 누구냐고 물었다. 다행히도 사고력뿐만 아니라 기억력에는 손상이 없었다. 의사가 만족한 듯 웃었다. 그리고 중환자실로 옮겨졌다. 사고가 나고 중환자실로 옮겨진 것이 며칠만인지 나는 지금도 알지 못한다. 아니, 알려고 노력하지도 않는다. 너무 끔찍한 기억이기 때문이다.

중환자실은 하루에 딱 두 번만 면회가 허락되었다. 그마저도 하루의 대부분을 나는 잠으로 보내고 있었다. 그래서 지인(知人)들이 면회를 왔다가도 그냥 발걸음을 되돌리기 일쑤였다. 가끔 깨어 있는 경우도 있었지만, 그렇다고 의사소통이 자유로운 것은 아니었다. 생명에는 지장이 없다고 했지만, 뇌기능도 정상적으로 돌아왔다고는 했지만, 그래서 운 좋게 반신 마비의 상태를 벗어나기는 했지만, 왼쪽 안면근육의 마비 증상은 여전했던 것이다. 한 쪽 눈동자가 제대로 움직이지 않았다. 물체가 둘로 보였다. 복시(複視) 현상이었다. 입술 근육의 한 쪽도 제 기능을 발휘하지 못했다. 양순음(ㅂ, ㅍ, ㅃ)이나 원순모음(ㅚ, ㅟ, ㅗ, ㅜ)의 발음이 어려웠다. 그런데 나는 그 사실을 인지하지 못하고 있었다. 면회객들도 마찬가지였다. 그냥 수술 후 회복의 경과가 더딘 것으로만 생각했던 것이다.

그때 아버지께서 혼자 면회를 오셨다. 아침인지 저녁인지 알 수는 없다. 몇 마디 말을 나누기는 한 것 같지만, 전혀 기억이 나지 않는다. 다만, 아버지의 수전증이 생각보다 심하다는 것을 새삼 깨달았을 뿐이다.

올해로 여든 두 살인
오른손에 심한 수전증을 앓고 있는
백발이 성성한 아버지는

사고로 중환자실에 누워 있는
아들의 정해진 면회 시간에 찾아가
전복죽을 떠먹이는 것이었는데

워낙 손이 떨리는 바람에
전복이 전복되어
입으로 들어가는 것인지 코로 들어가는 것인지

아버지는 그게 영 미안하고 안타까워
흘깃흘깃 때 묻은 손수건을 건네주고
아들은 속절없이 손수건을 받아
눈물인지 죽물인지를 연신 닦아내고 있습니다

―「父子·2」 전문

2

인간의 골격계에서 등뼈와 복장뼈를 연결하는 뼈를 갈비뼈라고 한다. 갈비뼈는 활처럼 휘어 가슴우리를 형성하는데, 그 안에 허파, 심장 등 인간의 중요한 장기가 들어 있다. 그러므로 갈비뼈는 중요한 장기의 보호 기능을 가진 인간의 뼈 중에서도 가장 중요한 뼈의 하나라고 말할 수 있다.

집안에서의 아버지는 바로 그런 갈비뼈와 같은 존재였다. 무슨 일만 생기면 가족들 모두는 약속이라도 한 듯이 그의 품으로 피신을 하였다. 그리고 도움과 보호를 요청하였다. 어머니도 형도 나도 동생들도 그랬다. 언제나 아버지는 우리 가족들의 안전한 피신처였고, 든든한 버팀목이었다. 더구나 경제력의 근원이 아버지의 직장에 있었으므로 아버지는 존재는 절대적이었다. 그렇다고 여기서 아버지의 독재적 군림을 이야기하고자 하는 것은 아니다. 정신적인 면만이 아니라 경제적인 면에서도 아버지는 집안의 갈비뼈와 같은 존재였다는 것은 말하고 있을 뿐이다.

또한 아버지의 헛기침은 그 자체만으로도 우리에겐 위엄과 권위의 상징이었다. 친구들과 잘못 어울려 사고를 치고 들어왔을 때도 말 한 마디 대신 헛기침 몇 번이었다. 공부를 하다가 딴전을 피울 때에도, 형제간에 다툼이 있었을 때도 마찬가지였다. 그 헛기침 몇 번으로 우리는 통제되었고, 자세를 가다듬었다. 그렇게 우리 형제는 성장했다. 우리 형제들이 모두 현재와 같이 직장을 잡고, 결혼을 하고, 그리하여 안락한(?) 가정을 이루고 사는 것도 어쩜 아버지의 헛기침 덕분인지도 모른다.

나는 아직도 아버지를 자랑스럽게 생각하고 있다. 어디를 가든, 누구를 만나든 조금의 부끄러움도 없이 아버지의 성함 석 자를 또박또박 밝힌다. 조금의 망설임도 없이 아버지의 아들임을 내세운다. 아버지는 당대의 수재들만 갈 수 있다는 사범학교 출신이셨고, 모두들 부러워하는 선생님이셨다. 그것은 아버지의 평생 자부심이기도 했지만 우리에게도 흔들리지 않는 자부심이었다. 아버지 이야기만 나오면 절로 어깨에 힘이 들어갔다.

그런 아버지께서도 이제는 늙으셨다. 늙는 거야 어쩔 수 없다지만 불행히도 해로(偕老)하셔야 할 짝을 늦은 나이에 잃으셨다. 칠십 대 후반이었다. 그리고는 여태껏 홀로 사신다. 작은 텃밭이 있는 시골집에서 홀로 끼니를 해결하신다. 연금 생활을 하시니까 경제적으로야 어려움이 없지만, 자식들 또한 일가(一家)를 이루었으니 그 또한 신경 쓸 필요 없지만, 시골의 하루는 길다. 문화생활을 즐기기에는 시내가 너무 멀고, 교통수단도 만만치 않다. 주변의 죽마고우 중 많은 분들이 이미 운명을 달리하셨다. 외로울 수밖에 없다. 그 외로움이 하루를 더욱 길게 늘인다. 시골이라고 해서 농삿거리가 있는 것도 아니다. 한 뙈기의 논밭도 없다. 다만 울안의 작은 텃밭 몇 고랑이 있을 뿐이다.

그래서 소일거리로 자전거를 타셨다. 위험하다고 몇 번 말려 보았지만, 막무가내시었다. 아직은 건강하시다는 것이다. 그까짓 자전거 정도는 얼마든지 타실 수 있다는 것이다. 연세가 드시면서 헛기침의 위엄과 권위는 많이 바랬지만, 자존심만은 여전하시다. 외로움을 달래주지는 못할망정 자존심마저 꺾는 것은 예의가 아니라고 생각하여 그냥 내버려 두었던 것인데 거기서 그만 탈이 생기고 말았다.

학창 시절, 학기 초마다 으레 써 오라는 각종 조사서를 보면
거기엔 반드시 보호자란이라는 게 있어 나는 목에 힘, 탁, 주고
아버지 성함 석 자를 연필에 침 발라가며 꾹꾹 써 넣었다
그것은 얼마나 든든한 외경이던가

고고학자들의 갈비뼈 수습 장면이 TV에 나올 때
나는 그 뼈 안에서 용솟음쳤을 심장의 박동과
한 시대를 노래했을 허파꽈리의 나지막한 탄주를 들었다
그리고 그 갈비뼈가 낳은 갈비뼈와 갈비뼈를 생각다가
문득 아버지 성함 석 자를 떠올렸다

팔순의 아버지께서 자전거를 타다 낙상을 하셨다
X—레이에 아버지의 갈비뼈가 희미하게 드러났다
연세가 연세인지라, 골밀도가 낮아 잘 안 보이시겠지만
갈비뼈 6번과 7번에 금이 갔네요, 앞으로 보호자께서는……
의사는 내게 보호자라 부르며 몇 가지 처방을 내렸다

이상한 일이다 나는 여지껏 아버지의 갈비뼈에서 한 번도 벗어
난 적이 없건만
언제 아버지께서 내 갈비뼈 안으로 들어오신 것일까
거동마저 불편한 아버지를 부축하여 병원 문을 나서는데
갈비뼈 사이로 붉은 노을이 촉촉이 젖어 들었다

—「갈비뼈」 전문. 『꽃 찾으러 간다』 2014 실천문학

아버지의 갈비뼈 사건은 뜻밖에도 몇 개의 의문 부호를 던져 주었다. 정말일까? 내가 아버지의 보호자일까? 조금의 망설임 없이 나를 보호자라고 부른 의사의 말이 자꾸만 곱씹혔다. 이제는 정말로 아버지께서 내 갈비뼈 안으로 들어온 것일까? 나는 한 번도 그렇게 생각해 본 적이 없는데……. 아버지를 모시고 돌아오며 내내 생각했다. 어쩜 의사의 말이 맞는지도 모른다고. 연세가

드실수록 아들에 대한 의지가 점차 늘어나고 있는 것만은 분명하지 않은가? 그런데 왜 나는 자꾸만 그것이 영 어색하고 부자연스러운 것일까?

아버지의 위엄과 권위를 내가 대신할 수는 없다. 그래서 나는 생각한다. 아직도 아버지는 나의 갈비뼈라고. 영원한 내 영혼의 갈비뼈라고.

물렁뼈

1

할아버지와 나는 꽤나 오랜 세월 같이 살았다. 초등학교와 중학교 시절 몇 년을 빼면 어렸을 때부터 군대를 갈 때까지 늘 같은 울타리 안에 있었다. 합하면 거의 이십 년에 가까운 세월이었다.

할아버지는 가난한 농부였고 그저 한글 정도를 깨우친 무학(無學)이었다. 논 몇 마지기, 밭 몇 뙈기가 가진 것의 전부였다. 당연히 생활은 궁핍할 수밖에 없었다.

그러나 어디 가서나, 누구에게나 내세우는 유일한 자랑거리(?)가 있었으니 그게 바로 당신에겐 아들이 되는 나의 아버지였다. 아버지는 인근에서 손꼽히는 수재였고 인물 또한 좋았다고 했다. 당시의 사범학교는 아무나 들어갈 수 있는 학교가 아니었다고 했다. 정말로 수재 중의 수재만이 들어갈 수 있는 학교였다고 했다. 그런데 아버지가 거기에 당당히 합격했던 것이다. 그러니 자랑할 만도 했다. 얼마 되지 않는 논밭뙈기를 경작하면서 간신히 호구(糊口)나 하시던 농투성이 할아버지에게 그런 아들은 실로 보배와 같던 존재였을 것이다. 바야흐로 집안이 살아난다고 믿으셨을 것이다.

마침내 아버지는 사범학교를 졸업함과 동시에 집에서 그리 멀지 않은 학교로 발령을 받았다. 드디어 교사가 된 것이다. 우리 가문 최초로 국록(國祿)을 받는 공무원이 탄생한 것이다. 정말로 개천에서 용이 난 것이다. 출근을 하는 아버지나 그것을 바라보는 가족들 모두가 마냥 행복하기만 했다. 그런 우리 가족을 마을 사람들 모두가 부러워했다.

그 무렵에 내가 태어났다.

그러나 아쉽게도 그런 시절은 그리 오래 가지 않았다. 아버지는 꽤나 일찍 승진을 했고, 승진과 함께 먼 데 학교로 떠나고 말았던 것이다. 단양군에 있는 보발초등학교(지금은 폐교됨)였다. 지금에야 승용차로 하루면 오가는 거리지만 그때는 방학이 되어야만 만날 수 있는 아주 멀고 먼 거리였다. 그래서 우리 가족은 일 년에 두서너 번 정도만 만날 수 있었다.

할아버지도 손자인 나도 외로웠다. 그래서일까? 할아버지는 틈만 나면 별 일거리도 없으면서도 논과 밭으로 나가셨고, 심심한 나도 그 뒤를 강아지처럼 졸졸 따라다녔다. 할아버지가 풀을 뽑으시면 도랑가에서 송사리와 놀았고, 물꼬를 보시면 풀밭에서 개구리와 폴짝거렸다. 어쩌다가 할아버지가 고뿔이라도 걸리면 그 옆에서 함께 훌쩍거리기도 했다. 할아버지가 계신 곳에 내가 있었고, 내가 있는 곳에 할아버지가 계셨다.

초등학교에 입학할 때도 할아버지와 함께였다. 손잡고 가시다가 작은 손수건을 왼쪽 가슴에 달아 주시기도 했다. 나는 예나 지금이나 키가 작았다. 그래서 할아버지는 입학식 내내 나를 살펴보시기 위해 연신 까치발을 할 수밖에 없었노라고 껄껄 웃으셨다. 지금도 나는 그때 나의 왼쪽 가슴에서 빛나던 손수건의 그 청량한 흰빛과 3월의 하늘에 울려 퍼지던 그 흐뭇한 너털웃음을 기억한다.

할아버지는 참으로 건강하고 부지런하셨다. 어딘가 편찮으셔서 자리보전하는 경우가 거의 없었다. 손에는 언제나 농기구가 들려 있었다. 비록 얼마 되지 않는 논밭이었지만, 허투루 놀리지 않았다.

나 또한 많은 시간을 그 곁에 있었다. 나이가 들면서 모내기도 함께 했고 타작도 함께 했다. 감자와 마늘도 심었고, 고추도 심었다. 그러면서 감자꽃은 왜 따줘야 하는지, 마늘은 왜 짚으로 덮어

줘야 하는지를 배웠다. 뿌리로 가는 양분이 꽃으로 가는 것을 막기 위해 감자꽃은 따주는 것이었고, 겨울의 냉해를 막기 위해 마늘밭은 짚으로 덮어주는 것이었다.

할아버지는 고추지지대를 세우는 이유와 방법도 알려주셨다. 고추지지대를 세우는 이유는 당연히 고춧대가 넘어지지 않게 하기 위함이겠지만, 방법은 일반 지지대를 세우는 것과는 조금 달랐다. 고추지지대 하나에 고춧대 하나를 묶는 것이 아니라 고추지지대를 듬성듬성 세워 놓고는 그 사이를 두 개의 끈으로 연결한 다음 그 두 개의 끈 사이로 고춧대들이 들어가게 하여 서로가 서로를 의지하게 하는 것이었다.

사람이 살아가는 것도 마찬가지라는 것이었다. 가족이면 가족, 직장이면 직장, 국가면 국가 – 그런 든든한 지지대 속에서 그 구성원들이 서로 의지하고 지탱해 줄 때 가정과 사회와 국가가 풍요로워진다는 것이었다.

할아버지는 내게 살아 있는 스승이셨다.

나는 그런 스승과 함께 젊은 날을 보냈다. 대학 시절에는 친구들을 불러 모내기를 함께 하기도 했다. 딴엔 할아버지의 일손을 도와준다는 것이었지만 우리들의 관심은 사실 모내기가 아니라 미루나무 그늘 아래에 있었던 막걸리 통이었다. 우리는 한 시간도 채 견디지 못하고 연신 막걸리 통을 비워 나갔다. 그러나 할아버지는 크게 나무라지 않으셨다. 오히려 도와주러 왔다는 사실을 기특하게 여기셨다.

그렇게 대학을 졸업하고 군대도 갔다 왔다. 그리고 발령을 기다렸다. 나도 사범대학 출신이었던 것이다. 그런데 3월 1일자로 발령이 나지 않았다. 당시는 국립사범대학만 졸업하면 곧바로 발령이 나던 시절이었지만, 하필이면 그 즈음에 적체 현상이 일어났던 것이다. 물론 나의 성적이 좋지 않았던 것이 가장 큰 이유였지만.

그래서 다시금 할아버지와 함께하는 시간이 생겼다.

그때가 6월이었다.

하지가 내일 모레. 마늘을 수확하기로 한 날이었다. 그래서 할아버지와 나는 지게를 지고 마늘밭으로 갔던 것인데, 거기서 그만 차마 못 볼 광경을 보고야 말았다.

응당 수확을 기다리고 있어야 할 마늘밭이 마치 산짐승이 분탕질을 해 놓은 것처럼 엉망진창으로 파헤쳐져 있었던 것이다. 누군가 몰래 마늘을 몽땅 캐 간 것이었다. 흩어져 있는 자투리 마늘 위로 트럭 바퀴 자국이 선명했다. 참으로 나쁜 사람들이었다. 팔십 노인네가 땀 흘려 가꿔 놓은 것을 어떻게 송두리째 캐 갈 수 있단 말인가! 그것도 야밤중에 차까지 대놓고. 정말로 천벌을 받을 짓이었다.

할아버지는 그만 넋이 나가 그대로 마늘밭에 주저앉으시고 말았다. 그리고는 하늘을 향해 종주먹질로 울먹이셨다. 쌍욕도 마구 뱉으셨다. 처음 보는 할아버지의 처절한 분노였다. 피맺힌 절규였다.

나는 아무런 말도 할 수 없었다. 나 또한 할아버지 못지않은 분노와 절규로 몸을 떨고 있었던 것이다. 만약 마늘 도둑이 눈앞에 나타난다면 당장 살인이라도 저지를 것만 같은 심정이었다.

신고를 했지만 도둑은 끝내 잡히지 않았다.

나는 다음 달 7월초에 교직 발령을 받고 임지인 단양으로 떠났다.

2

할아버지는 아흔 세 살에 돌아가셨다. 지금도 아흔 셋이라면 적잖은 수명인데, 당시 (1987년)로 보면 아흔 셋은 상당한 수명이었다. 할아버지는 그렇게 장수하셨던 것이다. 워낙 건강한 체질이기도 하셨지만 평생 자연의 섭리를 거스르지 않았던 천품 때문이라고 문상객들 모두 입을 모았다.

아흔을 넘어서도 어디 편찮은 데가 없으셨다. 변함없이 논밭에 나가셨다. 남들이 자식 욕한다고 극구 만류해도 들은 시늉조차 안 하셨다. 흙을 떠나서는 살 수 없는 타고난 농사꾼이셨다. 그날도 논에 갔다 오셨다고 했다. 오랜만에 친정에 온 손녀가 끓인 닭죽을 맛나게 드시고 잠자리에 드셨다고 했다. 그리고는 주무시던 그대로 운명하셨다고 했다. 그래서 유언도 임종도 없었다고 했다. 그렇게 할아버지는 이 세상에 자신의 숟가락을 놓으셨다. 천수를 다하신 분이었고, 그 죽음 또한 너무나 평화로워서 애끊는 곡성도 없었다. 문상객들도 모두 호상이라며 상주를 위로했다.

음력 삼월 스무 아흐레였다.

앞에서 언급했다시피 우리 집안은 뼈대 있는 양반의 후예가 아니었다. 그렇다고 수많은 임야를 소유하고 있는 부호의 자손도 아니었다. 가난을 대물림하다가 아버지 대에 처음으로 공무원을 배출한, 이제 막 탈바꿈을 꿈꾸는 그런 가문에 불과했다. 그러므로 당연히 시신을 매장할 임야가 없었다. 그렇다고 화장을 하여 강물에 흩뿌리기에는 당시의 분위기가 용납하지 않았다.

그런데 다행히도 그 무렵 남일면 인차리에 공원묘지가 조성되어 있었다. 그렇지 않았더라면 아마 큰 낭패를 보았을 것이다.

할아버지는 그 공원묘지에 안장되었다. 먼저 떠나신 할머니(이분에 대해서는 언젠가 따로 언급할 기회가 있을 것이다) 곁이었다.

집과 공원묘지와의 거리는 얼마 되지 않았다. 그러나 자주 찾아뵙지는 못했다. 명절이 되어서야 겨우 성묘를 다녀오는 것이 고작일 뿐이었다. 직장 생활을 하느라 객지를 떠돌다보니 어쩔 수 없노라고 핑계도 댔지만 사실은 어느 정도 관리를 해주는 공원관리소를 믿었는지도 몰랐다. 특별히 묘역을 꾸밀 것도 아니고 때맞춰 벌초를 해야만 하는 것도 아니니 시나브로 그렇게 소원해질 수밖에 없었던 것이다.

그런데 어느 해던가, 시장에 갔다가 한쪽 구석에 쌓여 있는 햇마늘을 보게 되었다. 6월이었다. 마늘을 수확하는 시기였다. 마늘 접 위로 할아버지의 모습이 겹쳤다. 아직도 종주먹을 휘두르며 절규하고 계셨다. 와락! 할아버지가 그리워졌다.

다짜고짜 승용차를 공원묘지로 몰았다.

나는 삼가 재배를 하고 무덤을 둘러보았다. 그리고 건성드뭇한 잡초를 뽑으며 조용히 할아버지를 호명해 보았다.

그때는 온통 초록의 물결뿐이더란다
초록의 등성엔 온갖 새와 꽃들이 살아
대추나무집 할배가 꽃상여를 탔어도
그저 빼쫑빼쫑, 맑게만 피었더란다

길들이란 길들이 모두 약속이라도 한 듯
산 넘고 물 건너 먼 데로 가기에

에헴, 큰 기침 한 번으로 호기롭게 따라 나섰더라만
주머니마다 꽃과 새들 가득 가득 채우고는

그런데 웬걸! 길은 느닷없이 굽이치고 꺾어지고……
더러는 넘어져 울기도 했더란다
들개와 천둥과 번개를 데불고
까짓것, 더덩실 춤도 추었더란다

그러던 어느 가을의 고갯마루던가
주머니 속에서 바람 소리가 나더란다
참으로 희한하다 싶어 뒤져봤더니
어허라, 잡히는 건 메마른 먼지 몇 알뿐

결국은 빈손이더란다
그 많던 새와 꽃들 보이지 않더란다
그걸 말하려 돌아서니 거기가 바로 북망이더란다
하마 손자를 빼쫑빼쫑, 피어나는 산속이더란다

—「할아버지 무덤의 잡초를 뽑으니」 전문.

『아주 오래된 흔적』 2003 온누리

3

아버지가 퇴직을 하면서 제일 먼저 착수한 것은 바로 가족 납골묘를 조성하는 일이었다. 그것은 아버지의 오래된 숙원 사업이기도 했다. 그만큼 아버지는 할아버지와 할머니의 장례를 치르면서 가족묘의 필요성을 통감하고 있었던 것이다.

장소는 유일한 유산으로 남아 있던 밭 한 뙈기였다. 이외의 몇 안 되는 논밭은 이런저런 이유로 이미 처분된 뒤였다. 다행히도 그 밭은 산에 있었고 양지 바른 남향이었다. 그리고 집에서도 아주 가까웠다. 어차피 농사지을 사람도 없는 밭이었다. 할아버지가 돌아가신 후 거의 묵밭이디시피한 밭이었다. 퇴직을 전후한 아버지가 한두 해 경작해 보았지만 힘에 부쳐 그만 두었고, 우리 형제들도 객지에서 직장 생활을 하고 있었기 때문에 그냥 묵혀둘 수밖에 없었던 밭이었다.

그래서 아버지는 그 밭을 가족의 납골묘 조성지로 선택한 것이었다. 그런 아버지의 선택에 대해서 우리 형제들은 쌍수로 환영했다. 우리 형제들도 똑같은 문제로 고민은 하고 있었지만 마땅한 해결책이 없어 차일피일 미루고 있던 터였기 때문이었다. 부지 선정도 선정이지만 만만치 않은 비용 앞에서 우리 형제들은 슬쩍 한 발씩 빼고 있었던 것이다. 장남은 장남대로, 차남은 차남대로, 막내는 막내대로 셈법이 복잡했던 것이다. 그런 와중에 아버지가 당신 직권으로 부지를 선정하고 퇴직금의 일부를 선뜻 내놓았으니 어찌 환영을 하지 않을 수가 있겠는가. 우리 형제들은 참으로 탁월한 결정이라며 아버지 앞에서 너스레를 떨었다. 아버지도 우리들의 환영에 어깨를 한층 으쓱였다.

납골묘 공사는 빠르게 진행되었다. 아버지는 아예 공사 현장에서 살다시피 했다. 우리도 틈틈이 공사 현장을 살폈다. 언감생심(焉敢生心). 납골묘 장식석(裝飾石)에 내 시를 새겨 넣기도 했다. 이미 발표되었던 「조약돌」이란 시를 상황에 맞게 조금 개작한 것이었다. 아버지의 요청으로 하기는 했지만 지금 생각해도 조금은 얼굴이 뜨겁다.

한 세상을 무늬 뜨던 새의 노래가 들립니다
형형색색으로 불어가던 바람의 빛깔이 보입니다
갈고 흐르던 물의 냄새가 납니다

스치고 지나는 것들은 모두 흔적을 남깁니다
흔적이 많을수록 부드럽고 단단합니다

우리 모두의 삶과 죽음이 그러했으면 합니다

—「조약돌」 전문. 『아주 오래된 흔적』 2003 온누리

그렇게 완성된 납골묘는 더할 나위 없이 조촐하고 아늑했다. 때마침 청명(淸明)의 날도 가까워지고 있었다. 아버지는 이장을 서둘렀다. 우선 공원묘지에 계시던 할아버지와 할머니의 유골을 모셔 왔고, 며칠 뒤 남의 땅에 여기저기에 떨어져 계시던 증조할아버지와 증조할머니의 유골도 모셔 왔다.

처음으로 대하는 선조들의 유골 앞에서 만감이 교차했다. 특히 할아버지와 할머니의 유골 앞에서는 울컥, 감정이 솟구치기도 했다. 내 유년과 청소년기의 대부분은 그 분들과 함께 있었다. 추억의 어느 갈피를 열어도 그 분들이 계셨다. 거기에서 그 분들은 여전히 어린 나를 안아주고 닦아주고, 가끔은 지청구도 하고 계셨다. 그리웠다.

그런데 지금은 모두들 어디에 계시는 것일까? 이렇게 유골만 남겨 놓고 어느 먼 서역으로 떠나신 것일까? 거기서도 예전처럼 이 손자의 생(生)을 지켜보고 계실까? 삶과 죽음, 그 경계는 과연 있기나 한 것일까? 있다면 어디쯤일까? 그리고 그 경계의 이쪽저쪽의 차이는 무엇일까? 생각하고 또 생각해 보았다. 뼈와 뼈들이 서로 만나 움직일 수 있는 것이 생명이고, 뼈와 뼈들이 서로 흩어져 움직일 수 없는 것이 죽음일까?

이십 년도 넘어 된 할아버지 봉분을 파헤치자 누르스름한 유골들이 이리저리 흩어져 있었는데요 아흔하고도 셋을 더했는데도 들길 꼿꼿한 정정한 생명은 보이지 않고 달그닥달그닥 뼛조각들만 목곽에 담기는데요 어디로 갔을까요 뼈와 뼈를 얽어 살아 움직이게 하던 물렁뼈들은, 살아 있는 모든 것들은 저마다의 무게를 가진다며 나직나직 고춧대를 세우시더니 그 무게 지탱하던 물렁뼈들 훌훌훌 다 버리시고 이렇게 가벼워지셨나요

맹세코 그 날은 주르륵주르륵 비가 내렸는데요 빗물 탓에 저만치로 자꾸만 돌아서던 것뿐인데, 사람들은 차마 하관을 못하시고…… 사람과 사람 사이에도 물렁뼈가 있는 것일까요 그렇다면 이승의 인연이란 결국 사람과 사람 사이의 물렁뼈를 건너는 일, 물렁뼈들은 지나치게 물렁물렁하여 조그마한 무게에도 상처를 입는다고 절룩절룩 손자의 손목을 잡으시던 당신의 말씀 비로소 이해가 가는데요

오늘은 당신을 가족 납골묘로 모시는 날, 비도 오지 않는 말 그대로의 청명(淸明), 당신의 유골처럼 바람은 맑고 가볍기만 한데요 혹 이런 말씀 하고 싶은 건 아닌지요 간직하고픈 사랑의 물렁뼈도 지긋지긋한 관절염의 물렁뼈도 지나고 나면 그저 청명한 바람 한 점일 뿐이라고

홀가분하신지요

이승에서 절룩거리는 이 손자 약주 한 잔 올립니다

—「물렁뼈」 전문. 『아주 오래된 흔적』 2003 온누리

아버지의 부채

부채는 아무나 들 수 있는 게 아니다. 적어도 육십갑자를 한 바퀴 이상 돌아 인생을 관조할 줄 아는 연륜이 있어야만 그 격에 어울린다. 어리고 젊은 사람들이 부채를 든 모습은 어딘가 경망스러워 보인다. 깔끔한 양복에 넥타이를 맨 모습도 궁합이 맞지 않고, 머리카락이 너무 검어도 어울리지 않는다. 모시 적삼에 머리카락 희끗한 노인이 느티나무 그늘 정자에 앉아 먼 산을 그윽이 바라볼 때, 바로 그런 노인의 손에 부채가 들려 있어야만 한 폭의 수묵화가 제대로 완성된다.

부채는 손으로 부쳐서 바람을 일으킨다는 뜻의 '부'자와 가는 대나무나 도구를 뜻하는 '채'자가 합쳐진 순 우리말이다. 한 마디로 '부치는 채'를 이르는 말이다. 한자어로는 '선자(扇子)'라 하는데,

'선(扇)'자의 모양을 살펴보면 '집 호(戶)'자 속에 '날개 우(羽)'자가 들어 있어 '집 안에 있는 날개'라는 뜻을 담고 있다.

부채는 크게 두 가지로 나눈다. 부챗살에 비단이나 종이를 붙여 만든 둥근 형의 '방구부채'와 접었다 폈다 할 수 있는 '접부채(쥘부채)'가 그것이다. 방구부채는 '단선, 원선, 태극선'처럼 부챗살의 모양과 부채 바탕의 꾸밈에 따라 이름이 정해지고, 접부채는 부챗살의 수와 부채꼭지의 모양에 따라 이름이 정해진다. 방구부채에는 학이나 공작의 깃털로 만든 우선(羽扇)도 있고, 접부채에는 부챗살이 오십 개나 되는 백접선도 있다.

〈삼국사기〉에 견훤이 고려 태조의 즉위를 축하하는 뜻으로 공작선을 보냈다는 기록이 있는 것으로 보아 우리나라에는 아주 옛날부터 부채가 있었던 것으로 보인다.

부채는 물론 더위를 식히기 위해 사용하는 도구지만 단순히 더위를 쫓는 여름용품만은 아니었다. 더위를 쫓는 본연의 역할 이외에도 다양한 용도로 사용되었다.

옛날에는 권력과 부의 상징으로 인식되어 왕족이나 고위 관리들이 소장품으로 애용되기도 하였고, 판소리 공연의 소품으로 빠질 수 없는 물품이기도 하였다. 또한 문인과 화가들은 그 선지(扇紙)에 글과 그림을 남겨 부채를 예술의 경지로 끌어올리기도 하였고, 예인(藝人)들은 부채춤이라는 전통무로 승화시키기도 하였다. 또한 신부의 얼굴을 가렸던 '진주부채'처럼 전통 혼례에도 쓰였고, '삼신부채'나 '칠성부채'처럼 무당이 굿을 할 때도 쓰였다.

어쨌든 부채는 역사도 깊고 종류도 다양하지만 역시 오랜 연륜의 사람이 들었을 때에만 제 멋이 난다. 부채 자체가 단순히 더위를 쫓는 도구가 아니었기 때문일 것이다. 그래서 지금도 어른 앞에서는 부채질을 하지 않는 것이 예의가 되었는지도 모른다. 또한 부채는 사람과 환경에 따라서 그 어울림이 다르기도 하다. 학익선(鶴翼扇)을 들지 않은 제갈공명은 생각할 수도 없고, 파초선(芭蕉扇)이 없는 옛 임금의 행차는 연상할 수도 없다. 방구부채는 농사일에 바쁜 시골 노인들에게 어울리고, 접부채는 격식을 차리는 선비들에게 어울린다. 시골 원두막에 우선(羽扇)이 격에 맞을 리 없고, 대궐 낭하에 단선(團扇)이 제 구실을 할 리 없다.

그러므로 부채를 들 수 있는 나이를 가늠하는 것도 어렵지만, 어떤 부채를 선택하는가도 매우 중요하다.

나는 그것을 올해, 팔순의 아버지를 통해서 새삼 확인할 수 있었다.

팔순의 아버지께서 부채 한 자루 사 오셨다
속살이 오십 개나 되는 백접선이었다
흰 부골에는 까만 수침목을 받쳤고

백동으로 사북*을 한 제법 기품이 있는 부채였다
에어컨도 있고 선풍기도 있는데 웬 부채냐 하니까
호박 선추 가볍게 흔드시며 하는 말씀이
어느 노을 녘, 당신이 걸어온 길 되짚어봤더니
그 길이 부챗살만큼이나 여러 갈랜 줄 알았는데
그 길이 넓고 먼 바다로만 뻗어간 줄 알았는데
그게 아니더란다 부채를 보니 아시겠더란다
사람마다 파란만장이라 장광설을 늘어놓지만
결국은 되돌아와 사북자리에서 하나로 만나는 것을
거기서 백동 한 닢으로 묶이고 마는 것을
그걸 팔순이 되어서야 비로소 깨치셨노라며

오늘도 오동 그늘 그윽한 툇마루에서
백접선 한 자루의 생애를 고즈넉이 바래고 계시다

—「부채론」 전문. 『꽃 찾으러 간다』 2014 실천문학

어쩜 인간이 가지고 있는 욕망의 속살은 오십 개가 넘을지도 모른다. 아니, 오십을 넘어 무한대라고 말하는 것이 적절할 것이다. 그래서 백접선이 아니라 만접선도 만들라면 만들 수 있는 존

---

* 부채의 아랫머리 교차된 곳에 박아 돌쩌귀처럼 쓰이는 물건

재가 바로 인간이다. 그런 인간의 욕망은 예로부터 단 한 번도 멈춘 적이 없었다. 오직 무한질주만이 있을 뿐, 타협하거나 되돌아서는 것을 수치로 여겼다.

그러나 아버지께서는 깨치고 계셨던 것이다. 젊은 날, 들끓는 욕망으로 수평선의 이곳저곳을 넘어가 보았지만, 결국은 모든 길들이 하나의 정점에서 만난다는 것, 그것이 바로 인생이라는 것을 아버지께서는 백접선을 통하여 관조를 하고 계셨던 것이다.

그렇다면 인생은 하나의 길로 돌아오는 것인가, 아니면 하나의 길로 떠나는 것인가? 그러나 그 질문 자체가 부질없는 일. 공수래공수거(空手來空手去)요, 화무십일홍(花無十日紅)이라 했으니 인생이란 원래의 자리로 돌아가는 순간적인 환영일 뿐, 어찌 떠남과 돌아옴이 따로 있겠는가.

너, 어디니?

혈육이란 부모와 자식처럼 혈통으로 맺어진 육친을 이르는 말이다. 그렇다고 단순한 생물학적 관계만을 의미하는 것은 아니다. 혈육은 단순한 생물학적 관계를 떠나 그 무엇과도 대체할 수 없는 지고지선의 애정으로 맺어진 운명적인 공동체이다. 서로를 아껴주고 공경하는 마음이 그 바탕을 이루고 있다. 자애(慈愛)와 효(孝)가 바로 그것이다. 자애와 효는 인간만이 가진 가장 기본적이면서도 고귀한 가치이다. 그래서 태고로부터 훈육의 맨 앞자리를 차지했다.

신라시대의 세속오계(世俗五戒)에서는 사친이효(事親以孝)라 하여 '부모를 섬기되 효로써 하라'하였고, 조선시대 삼강오륜(三綱五倫)에서는 부위자강(父爲子綱)과 부자유친(父子有親)이라 하여 '부모와 자식 간에 도리를 다하라'하였다. 한 마디로 효(孝)는 한 시대에 국한된 이념이 아니라 아주 오랜 옛날부터 혈맥 속에 끈끈히 흘러 내려오는 윤리적 전통이었던 것이다. 그래서 예로부터 지극정성으로 효를 다하면 이를 칭송하고 후대에 기리기 위해 곳곳에 효자문을 세웠고, 이와 반대로 효를 다하지 못하면 인륜을 저버린 패륜이라 하여 사회적 지탄을 받았던 것이다. 그만큼 효는 우리 민족에게 떼어버릴 수 없는 윤리적 근간이었던 것이다.

그렇다고 부모와 자식 간의 관계에 있어서 부모에 대한 자식의 일방적인 효만을 강요한 것은 아니었다. 부모도 자식 앞에 모범이 되어야 했다. 삼강(三綱) 중의 하나인 부위자강(父爲子綱)은 '부모는 자식의 벼리가 되어야 한다'라는 뜻인데, 벼리[綱]란 그물의 주된 줄을 말한다. 벼리가 팽팽하게 제 자리를 지키고 있을 때 그물은 제 기능을 드러내지만, 벼리가 늘어지면 그물이 제 기능을 드러내지 못한다. 이는 부모가 부모다울 때 자식도 제 도리를 다할 수 있지만, 그렇지 못할 때 자식도 제 도리를 다하지 못할 수 있다는 말이다. 그러므로 부모도 자식 앞에서 몸가짐을 함부로 흩트려서는 안 되었던 것이다.

그러나 세상에서는 부모의 도리보다는 자식의 도리가 도드라져 제시가 되고 있다. 왜일까? 단순히 늙고 젊음의 차이에서 오는 것일까?

'내리사랑은 있어도 치사랑은 없다'라는 속담이 있다. 윗사람이 아랫사람을 사랑하기는 쉬워도 아랫사람이 윗사람을 사랑하기는 어렵다는 얘기다. 부모 자식 간에도 마찬가지이다. 부모의 자식에 대한 애정은 헌신적이며 본능적이다. 아예 맹목적으로 보일 때가 있다. 그만큼 부모에게 있어서 자식은 목숨보다 소중한 존재들이다. 거기에 윤리적 덕목을 들이댄다는 것 자체가 어불성설이다.

그래서일까? 부모의 헌신적인 사랑을 받고 자라난 자식들은 그 고마움을 잘 모른다. 자식들은 부모의 사랑을 그저 당연한 것쯤으로 여긴다. 마땅한 의무인 것쯤으로 생각한다. 낳아 놓았으면 책임을 질 일이지, 왜 자꾸 잔소리냐고 오히려 역정을 내는 경우도 허다하다. 마치 원초적 채무자처럼 언행을 한다. 그것을 김소월 시인은 깨우치고 싶었던 모양이다. 그래서 노래했다. '내가 부모 되어 알아보리라'라고.

나도 이제 나이를 먹을 만큼 먹었다. 하마 지천명(知天命)을 넘어선 지 오래다. 스무 살이 넘은 딸이 셋이나 있다. 그 큰애와 둘째 애는 먼 데 나가 있고, 막내는 현재 같이 생활하고 있다. 먼 데 나가 있는 애들은 아프지 않고 잘 지내고 있는지 걱정이 되고, 막내도 늦으면 초조하고 불안해진다. 그게 아버지의 마음일 것이다.

나의 아버지도 나를 바라보는 마음이 그럴 것이다. 아버지는 올해로 여든 일곱이시다. 여든 일곱의 아버지에게 지천명을 넘은 이 아들도 늘 어린애일 것이다. 그러니까 나는 자식이자 아버지이고, 아버지이자 자식이다. 내가 아버지에게 잘해야 자식들도 아버지인 나에게 잘할 것이다.

그런데 그게 어렵다. 속절없이 마음만 앞설 뿐이다. 함께 모시는 게 도리이겠지만, 사정상 그렇지 못한 것이 늘 죄스럽다. 자주 찾아뵈려고 하지만 그마저 여의치 않을 때가 많다. 그럴 때는 전화를 한다. 곡기는 잘 해결하고 계시는지, 몸에 탈은 나지 않았는지 안부를 묻는다. 안녕(安寧)을 확인한다.

그러나 전화 속의 아버지는 외려 나를 걱정하신다. 지천명(知天命)을 넘긴 이 아들을 어린애 취급하신다. 너, 어디냐고. 혹시 잘못된 길을 가고 있는 건 아니냐고. 잘못된 길을 가다가 어디 다친데 없느냐고. 언제 어디서든 항상 길조심 하라고. 완전히 어린애 취급이다.

그래서 가끔은 짜증이 날 때도 있지만, 참는다. 참으면서 생각한다. 먼 데로 나가 있는 딸들을 생각한다. 그 딸들에게 어쩌다가 전화가 올 경우가 있다. 그러면 나도 반사적으로 노파심이 발동한다. 잘 지내고 있는 것인지, 혹시 나쁜 길로 빠지지는 않았는지 하나에서부터 열까지가 모두 걱정이다. 아버지도 그러셨을까? 아마도 같은 마음이었을 것이다. 자식이 오십을 넘었든, 스물을 넘었든 부모의 입장에서 본다면 똑같이 어린애에 불과할 것이다. 나는 아버지에게, 딸은 나에게 영원한 자식일 터이고, 그런 자식을 둔 부모의 마음은 동서고금이 같을 것이다. 나이가 들어도 자식은 자식일 것이고, 그 자식은 늘 철부지처럼 보일 것이다. 그래서 늘 걱정일 것이다.

너, 어디니? 물으셨습니다
수화기 너머 첫 마디는 늘 한결같았습니다

어디냐구요? 짐짓 되물어 놓고는
갸우뚱해 봅니다 제가 과연 어디에 있는지

어제는 먼 곳 여행 중인 딸아이가 전화를 했습니다
너, 어디니? 나 또한 다짜고짜 첫 마디를 던지고는, 문득
같은 마음이었을까, 생각했습니다

집으로 가는 중입니다 사실 저는 오래 전부터
집으로 가는 길 위에 있다 믿고 있습니다 딸아이도 지금
집으로 가는 길 위에 있다, 여길까요?

한랭전선 위로 검은 구름이 떼 지어 앉고 있습니다
눈이 오려나 봐요, 했더니, 길조심 하거라, 또 하시길래
저도 지천명이 넘었는걸요, 하려다 참았습니다

새삼 이마의 상처를 매만지며 먼 데 하늘을 봅니다
길조심 하거라, 수화기 너머의 딸아이도 말이 없습니다
성긴 눈발이 점점 굵어지고 있습니다

—「너, 어디니」 전문

셋째 딸 이야기

이 글은 1996년에 쓴 글임.

나는 딸이 셋이다. 첫째 딸 한별이, 둘째 한결이, 셋째 딸 한솔이. 모두 내게는 눈에 넣어도 아프지 않을 소중하고 예쁜 딸들이다.

예나 지금이나 딸 셋 가진 것이 결코 자랑할 일은 못 되지만, 난 아내의 핀잔을 들어가면서까지 시도 때도 없이 세 딸 자랑을 하고 다닐 때가 많다. 언젠가 후배가 술자리에서 한 말이 있다.

'세상에 딸 셋 가진 것 자랑하고 다니는 사람은 선배님밖에 없다'고.

결혼하기 전, 그러니까 아내와의 연애 시절에 우리는 딸만 둘을 낳자고 약속했었다. 그것도 쌍둥이로. 그래서 그림같이 키워 보자고 손가락 걸고 입술도 걸었었다. 무슨 특별한 뜻이 있었던 것이 아니라 그저 아들보다는 딸이 좋을 것 같아서였다. 말이 씨가 된다고 했던가. 유감스럽게도 쌍둥이는 아니었지만, 우리는 정말로 딸 둘을 두 살 터울로 낳았던 것이다.

그러자 예상대로 남아선호사상에서 자유롭지 못하신 부모님의 시선이 곱지 않으셨다. 심지어 아버지께서는 겉으로는 '괜찮다. 괜찮다.'하시면서도 도표화한 집안 족보를 코팅까지 하여 며느리들에게 나누어 주시는 것이 아닌가. 거기엔 형님과 동생의 이름 밑에 각자의 아들 이름이 버젓이 올라 있었지만, 내 이름 밑엔 하얀 공백뿐이었다. 그것은 은근한 협박이었다. 그러나 우리는 의연하기로 했다.

그런데 일은 뜻하지 않은 곳에서 터지고 말았다. 누가 뭐라 해도 당당한 모습으로 두 딸을 훌륭하게 키워 보자던 우리 부부에게 셋째 아이가 생기고 만 것이었다. 서로가 서로에게 불임 수술을 미룬 탓이었다. 드디어 둘째 아들에게서도 손자를 보게 되었다고 부모님은 희색이 만면하였지만, 우리 부부는 당황하지 않을 수 없었다. 이왕 이렇게 된 바에야 솔직히 말해서 이미 딸이 둘이나 있었기 때문에 셋째는 아들이었으면 하는 기대가 없었던 것은 아니었다. 그러나 태몽이 아무래도 딸이었다. 그때 나는 꿈속에서 예쁜 꽃호박을 두 개나 가지고 있으면서도 무슨 욕심에서인지 꽃호박 하나를 더 땄었다. 내 태몽을 듣고 아내는 완연히 기가 꺾이고 말았다. 셋째마저 딸을 낳는다면 시댁에서 고개를 들지 못한다는 것이었다.

"태몽은 어디까지나 꿈이야. 절대적인 것이 아냐. 그리고 딸이면 또 어때. 딸이 셋이면 비행기도 세 번 탈 수 있는 것 아냐? 그리고 이렇게 운명적으로 임신한 걸 보면 아마 그 놈은 나중에 큰일을 하고 말 거야. 세계의 역사를 바꾼 사람들 중엔 그런 경우가 많잖아."

나의 설득에도 불구하고 아내는 병원으로 한의원으로 다니면서 태아의 성별을 알아내기 위해 꽤나 애썼던 모양이다. 요즘 세상에 어디 그게 쉬운 일인가? 그리고 딸이라 판정을 받았다 한들 뭘 어쩌겠단 말인가? 오히려 딸이라는 확신만 더 갖게 되었을 뿐이었다.

그런 우여곡절을 겪고 드디어 우리의 셋째 딸은 태어났다.

한껏 기대에 부풀어 계셨던 부모님의 실망은 이만저만한 것이 아니었다. 나의 새벽 전화에 반신반의하시며 부랴부랴 찾아오신 부모님은 다짜고짜 갓난애의 아랫도리를 까 보시더니 이내 고개를 꺾었다. 그리고 씁쓸한 위로만 남긴 채 고향으로 돌아가시고 말았다. '아무리 실망하셨다 하시더라도 그냥 그렇게 가시면 산모의 뒷바라지는 누가 하란 말인가?' 나는 은근히 부아가 치밀었지만, 부모님을 이해하는 수밖에는 별 도리가 없었다.

그때부터 나는 한 번도 해보지 않았던 밥과 미역국을 끓이는 것은 물론 기저귀 빨래까지 도맡아 해야만 했다. 힘이 들었지만 낙심해 하는 아내에게 내색을 할 수는 없는 노릇이었다. 당시 여섯 살과 네 살이었던 한별이와 한결이가 분위기를 재빨리 눈치 채고는 비록 서툴기는 했지만 방 청소와 설거지를 도와주곤 했다. 너무나 기특해 '역시 딸을 낳길 잘 했어'라고 칭찬을 해 주면서 아내 앞에서 짐짓 너스레를 떨었다.

일주일이 지나고 이주일이 지나면서 주방 일에 어지간히 익숙해진 나는 내친 김에 콩나물시루를 사다간 콩나물도 키워 보았다. 난생 처음 해보는 일이었지만 콩나물은 의외로 잘 자랐다. 몸을 대충 추스른 아내가 콩나물 다듬는 것을 도와주었다. 아내와 마주앉아 콩나물을 다듬는 것은 생각보다 훨씬 재미있었다. 우리가 그러는 동안 두 딸은 아기 곁으로 가서는 '눈이 굉장히 예쁘게 생겼다, 나를 보고 웃는 것 같다, 손이 어째 이렇게 작을 수 있느냐'하며 연신 깔깔거렸다.

행복했다. 그 동안 무심히 흘려버렸던 삶의 자잘한 무늬들이 초롱초롱 불을 켜 들더니 내 가슴 어디엔가 움츠리고 있던 노래의 씨앗들을 하나 둘 불러 세우고 있었다.

그때부터 나는 시인이 되고 있었던 것이다. 소설을 씁네, 하며 절망하고 있던 나에게 식구들과 함께했던 그 시절의 삶은 정말로 신선한 충격이었다. 밥을 하면서, 설거지를 하면서, 콩나물을 키우면서 내가 깨우치는 하나하나의 삶의 이치들은 그대로 노래가 되어 흘러 나왔다. 그것을 한 권의 책으로 엮어낸 것이 바로 나의 첫 시집 「잠든 아내 곁에서」였다. 그것은 곧 나의 삶을 지탱해 줄 평생의 작업이 시작되는 신호탄이기도 했다.

솔이야, 며—엋 살?
시—살
까르르 들깨알 굴러 가고

솔이야, 누구—딸?
아빠—딸
뾰르르 새싹이 돋고

네 눈을 통해 세상을 보면
세상은 미치도록 아름다워
손톱 갈던 세상사 잠시 잊나니

손목 잡고 금강산 백두산
아, 만주 벌판도 거침없이 걸어 보고

아침빛으로 자란 사위 어깨도 잡아 보는

솔이야, 늘 푸른 솔로 이 땅을 살아야 되느니
남들 말도 많아 차라리
보배로운 우리의 셋째 딸아

—「한솔이」 전문. 『잠든 아내 곁에서』 1994 온누리

나를 변화시킨 것은 그것만이 아니었다. 명절이 되어서 고향엘 가려고 택시를 기다리면 택시가 서질 않았다. 인원이 너무 많은 게 탈이었다. 비록 셋째 딸은 당시 등에 업힌 갓난애에 불과했지만, 어쨌든 우리 식구만으로도 정원 초과가 되는 셈이었으니까 말이다. 그런 일을 몇 번 겪고 나자 화가 났다. 딸 셋을 난 게 무어 그리 잘못이란 말인가. 나는 홧김에 운전을 배웠다. 그리고 중고차를 한 대 사고 말았다. 소심하고 결단력이 부족한 나에게 그것은 엄청난 용기며 변화였다.

그러니까 내가 시를 쓰게 된 것과 운전을 배우게 된 데에는 셋째 딸의 탄생이 결정적 계기가 되었던 것이다. 그런 셋째 딸을 내 어찌 사랑하지 않으랴. 물론 첫째 딸은 첫째 딸 나름대로, 둘째 딸은 둘째 딸 나름대로 각각의 의미를 가진 소중함이 있지만, 셋째 딸에 대한 나의 애정은 그렇게 해서 더욱 각별해지지 않을 수

없었던 것이다.

세월이 흘러 셋째 딸 한솔이가 두 돌을 갓 넘긴 어느 날, 나는 아주 황홀한 장면을 목격했다.

토요일이라 일찍 퇴근하여 아파트 앞 광장으로 들어서는데, 가운데 통로 앞 광장에서 여자 아이 셋이서 고무줄놀이를 하고 있었다. 갈래 머리를 나풀거리며 뛰고 있는 것은 멀리서 봐도 첫째 딸 한별이가 틀림없었다. 그런데 가까이 가서 보니 양쪽에서 고무줄을 잡고 있는 아이들이 바로 둘째딸 한결이와 셋째 딸 한솔이었다. 생각해 보라. 이제 걸음마를 막 배운 꼬마 계집애가 머리 위로 고무줄을 잡고 앉아서는 제 언니들이 노는 것을 생글거리며 바라보고 있는 모습을. 그 깜찍함! 그 앙증스러움! 나는 그만 그 자리에 얼어붙고 말았다.

그 날 이후로 나는 딸이 셋이면 남의 집 아이가 끼지 않아도 고무줄놀이뿐만 아니라 모든 놀이와 생활을 충분히 해낼 수 있다는 것을 깨달았다. 셋이니까 서로 협력할 것은 협력하고, 견제할 것은 견제하면서 사회생활이 제대로 수행되고 있었던 것이다. 그리고 셋째 딸은 제 언니들 틈바구니에서 자라서 그런지 몰라도 사물에 대한 인지도 및 학습에 대한 능력이 상당히 높은 것도 같았다. 그것도 세 딸을 키우는 우리 부부에게는 즐거움 중의 하나였다.

또한 딸이 셋이니까 신발이나 옷이나 학용품 등, 키우는 비용이 아들 하나에 딸 하나를 키우는 집보다도 훨씬 절감되었다. 옛날에야 동생들이 다 헤어진 헌 것들을 물려받았다 하지만 요즘은 상품의 질이 좋아서 그런 건 염려하지 않아도 되었다. 더구나 방이 두 칸밖에 없는 22평의 작은 아파트에 살고 있는 우리로서는 방 걱정을 하지 않아도 된다는 것이 큰 위안이었다.

이제 그 셋째 딸이 여섯 살이 되었다. 요즘은 유치원엘 다니면서 한창 재롱에 물이 오르고 있다. 처음엔 그렇게 떨떠름하시던 할아버지 할머니께서도 그 재롱엔 연신 함박웃음이시다. 근래에 들어서는 어찌된 셈인지 손자들보다도 손녀들을 더 귀여워하시는 것 같다. 아들보다도 딸이 더 좋다는 말씀도 곧잘 하신다. 셋째 딸만 있으면 집안은 언제나 온통 웃음밭이다. 사실 내가 보아도 셋째 딸은 너무 예쁘다. 얼굴뿐만 아니라 하는 짓 모두가 예쁘다. 그래서일까? 셋째 딸은 선도 안 보고 데려간다는 옛말이 결코 허언만은 아니라는 생각이 요즘엔 든다.

내가 셋째 딸을 낳을 수 있었던 것은 분명 행운이었다. 물론 둘도 많다는 국가 시책(당시에는)에 어긋나는 것 같아 미안하기는 하지만, 셋째 딸을 낳음으로 해서 내 삶의 방향은 물론 주변 상황까지 긍정적으로 바뀌고 말았으니 무슨 말을 더하랴. 싱거운 친구들이 툭하면 스스로 아들이 있다는 것을 은근히 자랑 삼으며 아들 낳는 비법을 가르쳐줄 테니 한 번 더 도전해 보라고 딴은 걱정하듯 권하지만, 나는 그대로 일소에 붙이고 만다. 아들 덕을 보면 얼마를 보자는 것인지, 죽어서 제사상을 받고 못 받는 것이 현재의 삶에 어떤 영향을 끼친다는 것인지 오히려 그들에게 반문을 하고 싶다.

자식은 키우는 재미요, 거기서 어우러지는 애환이 삶의 본질일진데, 아들이면 어떻고 딸이면 어떠랴. 키우고 자라며 서로가 서로에게 의미 있는 존재로 간직되면 그것으로 행복의 전체를 다 채우는 일. 쓸데없는 욕심을 부리지 않기로 했다.

지금은 아침 여섯 시. 벌써 첫째는 피아노 앞에 앉아 요즘 배우고 있다는 소나타 곡을 연습하고 있고, 둘째와 셋째는 거실에서 재잘거리고 있다. 나는 잠시 그 소리를 들으며 오늘 하루의 예감을 유쾌히 즐기는 행복에 빠지고 만다.

한 수 배우다

1

세면을 마친 딸이 화장대 앞에 앉는다. 셋째 딸이다. 세 딸 중에서 가장 미용에 관심이 많다. 그럴 만도 하다. 이제 마악 스물의 중반을 넘어가는 나이이니 어쩜 당연한 일인지도 모른다. 예쁘다. 그냥 봐도 예쁜데 화장을 하니 더욱 예쁘다. 그런 예쁜 딸이 화장을 하는 모습을 지켜보는 것은 행복이다. 이건 딸을 가진 부모만이 누릴 수 있는 특권이다.

앞의 글에서도 밝혔다시피 나는 딸이 셋이다. 그러므로 집안에 아내까지 합하여 여자가 모두 넷이 되는 셈이다. 이 말은 화장을 하는 여자가 모두 넷이라는 말도 된다. 그래서 아침이면 화장대 앞이 북새통이던 시절이 있었다. 네 여자가 한꺼번에 몰리기 때문이다. 경제 사정으로 하나의 화장대를 공용으로 쓰는 바람에 어쩔 수 없이 벌어지는 현상이다. 먼저 차지하는 사람이 임자다. 그러나 먼저 자리를 차지했다고 해도 시간을 너무 오래 끌면 안 된다.

그런데 네 여자 중에서도 셋째 딸의 화장은 순차적이면서도 꼼꼼하다. 그래서 시간이 조금 오래 걸린다. 그런 화장 습관은 대학 시절 아르바이트로부터 시작된 것으로 보인다. 하필이면 아르바이트로 한 일이 화장품 판매였던 것이다. 아마 거기서 셋째 딸은 화장품의 종류와 기능, 그리고 효과적인 화장 방법 등을 터득했던 모양이다. 그래서일까? 화장 경력이 가장 짧음에도 불구하고 화장품과 화장에 대한 지식은 가장 풍부하다. 그걸 바탕으로 가끔 엄마와 언니들에게 화장품과 화장에 대한 강의(?)를 하기도 한다. 그러나 그것은 어디까지나 여유가 있을 때의 이야기이다.

아침은 출근 시간이다. 너도 나도 모두 바쁘다. 그러므로 한 사람이 화장대 앞에 오래 앉아 있는 것은 예의가 아니다. 그런데도 불구하고 셋째 딸의 화장 시간은 길다. 당연히 채근이 심할 수밖에 없다. 그렇다고 강제로 끌어낼 수도 없다. 이미 시작한 화장을 중도에서 끊을 수는 없지 않은가. 그래서 가끔은 아주 기묘한 장면이 연출되곤 한다. 화장대 앞에 한 명은 앉고, 한 명은 서고, 그리고 또 한 명은 왼쪽 혹은 오른쪽으로 허리를 굽혀 화장을 하는, 마치 아크로바트를 하는 곡예사들처럼 보이는 장면이 바로 그것이다. 당사자들도 그 모습이 우스운지 키들키들 웃는다. 나도 웃는다. 재미있다. 행복하다. 어디 가서 이런 모습을 보랴. 한 거울 앞에서 아름다운(?) 네 명의 여자가 한꺼번에 화장하는 모습은 아무나 볼 수 있는 장면이 아니다. 그런데 그런 모습을 심심찮게 볼 수 있는 나는 행운아다. 그래서 은근히 그 시간을 기다리기도 한다.

그런데 화장은 왜 하는 것일까?

2

제우스의 손자인 펠리우스와 바다의 여신 테티스가 결혼을 하게 되었다. 그 결혼식에 모든 신들이 초대되었는데, 불화의 여신 에리스만은 초대되지 않았다. 행복한 결혼에 불화가 끼면 안 된다는 이유에서였다. 이에 에리스는 화가 났다. 결혼의 연회장에서 자신을 뺀 다른 신들이 희희낙락하는 꼴을 도저히 그냥 볼 수가 없었다.

그래서 몰래 연회장에 잠입한 에리스는 그 자리에 황금으로 된 사과 하나를 던져 놓는다. 거기에는 이런 문구가 적혀 있었다.

“가장 아름다운 여신에게 이 사과를.”

역시 불화의 여신답다. 이 사과의 주인은 가장 아름다움 여신이라는 것이다. 아름다움의 최고가 되고 싶은 욕망, 어느 여인이 이 욕망에서 자유로울 수가 있을까? 여신들 또한 예외가 아니었다. 연회장은 단박에 소란이 일어났다. 여신들 모두가 자신이 황금사과의 주인이라고 나선 것이다.

그렇게 한바탕 소란이 지나간 후 결선 무대에는 세 명의 여신만이 남게 되는데, 전쟁의 여신인 아테네와 결혼의 여신 헤라, 그리고 미의 여신 아프로디테가 그들이었다. 그들은 모두 자타가 공인하는 아름다운 여신들이었다. 그러나 황금사과는 하나뿐이었다. 한 여신만을 선택해야 했다. 그 선택권을 가지고 있는 제우스는 난감했다. 그래서 고민 끝에 양치기 소년인 파리스를 찾아가 그에게 황금사과를 건네며 세 여신 중 누가 가장 아름다운지를 가려달라고 부탁을 했다.

파리스는 원래 트로이 프리아모스왕의 아들이었다. 그가 태어날 때 그의 어머니인 하카베가 꿈을 꾸었는데, 횃불 하나가 도시 전체를 불태우는 꿈이었다. 이에 헤카베는 트로이의 멸망을 암시하는 불길한 전조라 하여 아기가 태어나자마자 하인을 시켜 이다산(山)에 버리도록 하였으나 아기는 기적적으로 구조되어 파리스라는 이름의 양치기로 살아 있었던 것이다. 그런 그에게 가장 아름다운 여신을 선택할 수 있는 권한이 부여된 것이다.

세 여신은 앞 다투어 파리스에게 달려갔다. 만약 자신을 가장 아름다운 여신으로 선택해 준다면 그게 상응하는 보답을 하겠다는 공약을 내걸기 위해서였다. 아테네는 모든 전쟁에서 승리하는 명성과 명예를, 헤라는 소아시아 왕국을 거머쥘 수 있는 권력과 부를, 그리고 아프로디테는 최고의 미인을 얻을 수 있는 행복을 주겠다며 입술에 꿀을 발랐다. 모두가 탐나는 공약들이었다. 그러나 파리스는 남자였다. 최고의 미인을 안고 싶어 하는 젊은 남자였다. 그래서 파리스는 아프로디테를 황금사과의 주인으로 선택하는데 조금도 망설이지 않는다.

그러나 문제가 생겼다. 당시 최고의 미인은 헬레나였는데, 유감스럽게도 그녀는 이미 스파르타 왕 메네라우스의 아내가 되어 있었던 것이다. 그러나 약속한 것을 저버릴 수 없는 아프로디테는 헬레나로 하여금 파리스와 사랑에 빠지게 하여 파리스의 여자가 되게 하는 데 성공한다.

그러나 그것이 화근이었다. 자기의 여자를 빼앗기고 가만히 있을 남자가 이 세상 어디에 있겠는가? 졸지에 아내를 빼앗긴 메네라우스는 이를 되찾기 위해 전쟁을 일으키게 되는데, 이것이 바로 그 유명한 트로이의 전쟁이다. 트로이 전쟁은 무려 10년 동안이나 결판이 나지 않고 지속된다. 그러다가 '트로이의 목마'로 일컬어지는 목마 전술로 지루했던 전쟁은 끝이 나게 되고, 헬레나도 다시 처음의 남자 품으로 돌아오게 된다.

그런데 재미있는 것은 돌아온 헬레나에 대한 시민들의 반응이었다. 마치 전리품처럼 발코니에 선 헬레나를 보고 시민들은 감탄했다고 한다. 그녀의 정조 없음을 탓하지도 않았고, 그녀로 인해 자신들의 아버지와 남편, 그리고 아들이 죽었음에도 원망하거나 저주하지도 않았다는 것이다. 오히려 저 정도의 아름다움이라면 내 아버지와 남편, 그리고 아들이 기꺼이 죽을 수도 있다며 고개를 끄덕였다는 것이다. 헬레나의 아름다움에 완전히 경도되고 만 것이다. 도대체 얼마나 아름다운 여인이었기에 그런 반응을 보인 것일까?

이쯤에서 헬레나의 아름다움은 절대 가치로 승화되고 만다. 누구나 아름다움의 최고가 되고 싶어 하고, 누구나 아름다움의 최고를 갖고 싶어 한다. 그런데 그 아름다움이 절대 가치로 승화되는 순간, 그것은 죽음을 초월하기도 하다. 오죽했으면 10년 동안이나 전쟁을 했겠는가.

우리나라 고대소설의 주인공들도 아름답다. 남녀 주인공은 모두 하나같이 재자가인(才子佳人)들이다. 또한 그들은 권선징악(勸善懲惡)이라는 주제에서도 모두 선(善) 쪽에 서 있다. 그것은 아주 당연한 귀결로 되어 있다.

우리나라 사람들이 믿는 절대 가치는 외면의 아름다움과 내면의 아름다움이 조화를 이룬 세계이다. 우리는 그것을 가치를 고대소설을 통하여 선험적으로 인식해 왔다. 「춘향전」의 춘향이, 「심청전」의 심청이, 「사씨남정기」의 사정옥 등이 그녀들이다. 그녀들은 모두 외면의 아름다움과 내면의 아름다움이 조화를 이룬 여인들이었다. 그녀들은 그렇게 우리나라 사람들의 절대 가치로 표상되어 지금까지 내려오고 있다. 그런데 그 표상이 너무 강하기 때문에 우리는 지금도 외면이 아름다우면 내면도 아름다울 것이라는 선입견을 갖게 된 것이다.

트로이 전쟁을 촉발시켰던 헬레나가 절대 가치가 된 것은 그 무엇보다도 뛰어난 아름다움 때문이었다. 그것을 빼고는 그녀에게 순결이나 지조 따위는 조금도 찾아볼 수가 없다. 심지어 선악(善惡)의 개념조차 없어 보인다. 남편인 메네라우스를 버리고 파리스를 따라 가면서도 조금의 죄책감도 없고, 10년 뒤에 되돌아와서도 일언반구의 변명이 없다. 자신 때문에 10년 동안이나 전쟁터에서 죽어갔던 사람들에 대한 사죄의 말 한 마디가 없다. 그저 절대적 아름다움으로 존재할 따름이다. 그리고 그것은 철저하게 외면적이다.

거기에 비해서 우리나라 고대소설 속의 여 주인공들은 외면적 아름다움과 내면적 아름다움을 동시에 지니고 있다. 선(善)을 추구하는 내면적 아름다움으로 외면적 아름다움과 조화를 이루고자 한다. 그 과정에서 죽음도 불사한다. 그러다가 마침내 악(惡)의 세력을 물리침으로써 절대 가치를 완성한다. 그것은 외면과 내면이 완벽하게 조화를 이룬 세계이다.

대체적으로 서양에서는 내면적 아름다움보다는 외면적 아름다움에, 우리나라는 외면적 아름다움과 내면적 아름다움의 조화에 무게 중심을 둔 것 같다.

우리는 모두 아름다움을 추구한다. 그것이 외면적인 것이든 내면적인 것이든 아름다움에 대한 추구는 우리 소망의 정점에 있다. 다만 우선순위가 문제일 따름이다. 아니다. 우선순위는 이미 정해져 있다. 두말할 나위 없이 외면적 아름다움과 내면적 아름다움이 조화를 이루는 것이 그 첫 번째일 터이고, 그 뒤를 잇는 것이 내면적 아름다움이고 맨 끝에 오는 것이 외면적 아름다움일 것이다, 어린 시절부터 우리는 그렇게 교육받아 왔다. 윤리적 측면에서 보면 그건 백번 지당한 말씀이다.

그러나 현실은 꼭 그렇지만은 않다. 고대의 문학 작품에 나오는 대부분의 남녀 주인공들이 그랬고, 현대의 영화 속 남녀 주인공들도 그랬다. 영화의 경우, 등장인물의 얼굴만 봐도 악역은 금방 표시가 났다. 그 이유는 뻔하다. 은연중에 우리는 외면적 미추(美

醜)를 내면적 선악(善惡)의 판단 기준으로 삼고 있었던 것이다. 그렇게 각인되어 있었던 것이다.

물론 외면적인 아름다움이 내면적 아름다움 절대적으로 담보하는 것은 아니다. 오히려 현실 세계에서의 그것은 불일치하거나 반비례하는 경우가 비일비재하기 때문이다. 그래서 외면만 보고 내면을 판단하지 말라고 했다. 그리고 또 말했다. 사람들이 너무 외면적 아름다움의 추구에만 몰두한 나머지 내면적 아름다움은 가꾸지 않는다고. 옳은 말이다. 내면적 아름다움이 없는 외면적 아름다움은 진정한 의미에서 선(善)을 이룰 수가 없다. 그래서일까? 모든 인성교육의 초점은 내면적 아름다움의 완성에 있다.

그러나 생각해 본다. 내면적 아름다움만 최선을 다해 가꾸고 외면적 아름다움을 돌보지 않는다면 그건 과연 옳은 행위일까? 춘향과 심청이, 그리고 사정옥이 외면적으로 아름답지 않았다면 어땠을까? 내면적 아름다움 하나로 지금처럼 기억될 수 있었을까? 단언컨대 절대 그렇지 않을 것이라고 장담한다. 그렇다. 내면적 아름다움은 홀로 빛나기 어려운 것이다. 거기에 외면적 아름다움이 더해져야지만 비로소 그 빛을 발한다는 사실을 우리는 잘 알고 있다. 그러므로 우리는 외면적인 아름다움을 가꾸기 위해서도 노력해야만 한다. 항상 용모를 단정히 하고, 차림새도 정갈해야 한다.

우리는 모두 아름다움을 추구하는 본능을 지니고 있다. 그러므로 우리는 모두 아름다워지기 위해 노력해야만 한다. 내면적인 아름다움뿐만 아니라 외면적인 아름다움을 가꾸기 위해서도 최선의 노력을 기울여야만 한다. 궁극의 선(善)은 그 둘의 조화에 있기 때문이다.

3

오늘도 어김없이 화장 욕심이 많은 셋째 딸이 가장 먼저 화장대 앞에 앉는다. 세수를 갓 마친 얼굴이 발그레하니 싱그럽다. 엷은 김이 서리기도 한다. 나는 그 모습을 지그시 지켜본다. 셋째 딸이 무얼 그리 뚫어져라 쳐다보느냐는 표정으로 흘끗 돌아보며 씨익 웃는다. 괜스레 멋쩍어진다.

"딸아, 너무 진하게 화장하지 마라. 요즘 여자들 어디 민낯을 알겠더냐?"

멋쩍음을 벗어나기 위해 한 말이지만, 사실 나는 평소에 여자들의 진한 화장에 대해 약간의 거부감을 가지고 있었던 것도 사실이다. 남자나 여자나 자신의 모습을 아름답게 화장하는 것은 결코 나쁜 일이 아니다. 오히려 그것은 자신에 대한 존경과 사랑의 표시로 장려되어 마땅하다고 생각한다. 자신에 대한 자존감이 없는 사람은 절대 자신의 모습을 아름답게 가꿀 수 없기 때문이다.

겉모습을 아름답게 가꿀 줄 아는 사람이 자신의 내면도 아름답게 가꿀 줄 안다. 그러므로 여자든 남자든 자신의 모습을 아름답게 가꿀 줄 알아야 한다는 것이 평소 나의 지론이기도 했다.

그러나 과유불급(過猶不及)이다. 화장도 적당히 해야지 너무 지나치면 오히려 보는 사람의 눈살을 찌푸리게 할 수도 있다. 덕지덕지 덧칠을 하여 민낯을 모르게 한다면 그것은 진정한 의미의 화장이 아니다. 그래서 셋째 딸에게 슬쩍 그렇게 말했던 것인데, 되받아치는 셋째 딸의 말이 절창이다.

세면을 마친 딸아이가
화장대 앞에 앉아 있다

딸아, 너무 진하게 화장하지 마라
요즘 것들 어디 민낯을 알겠더냐

아빠야, 오해하지 마시라
진정한 화장이란

못난 것은 못난 대로
있는 것은 있는 대로 소중히 가꾸는 일이지

못난 것을 잘난 것처럼
없는 것을 있는 것처럼 꾸미는 일이 아니야

오호라!

그렇다면 반백 년을 넘어 산 나의 생애는
가꿈일까
꾸밈일까

잠시, 딸아이 등 뒤에 가만히 앉아 본다

—「한 수 배우다」 전문

콩나물 사랑법

1

하느님은 왜 남자와 여자를 만들어 놓았을까? 그리고 남자와 여자는 왜 서로에게 사랑으로 끌리는 것일까? 그래서 마침내 부부로 맺어지길 원하는 것일까? 과연 부부로 맺어지면 그 사랑이 완성되는 것일까?

부부로 맺어지는 공식적인 의식, 즉 결혼식을 하면서 남자와 여자는 많은 하객들 앞에 서약을 한다. 죽음의 그날까지 서로를 아끼고 사랑하겠노라고. 그 사랑의 서약은 참으로 아름답고 고귀하다. 당사자는 물론 보는 사람도 그렇게 느낀다.

그러나 불행하게도 그 사랑의 서약은 대부분 영원하지가 않다. 서로 죽고 못 살겠다며 입술 꼭꼭 포개던 열정도 시간이 흐르면

식게 마련이고, 그 열정이 식은 자리에는 생활이 놓이게 된다. 생활은 현실이다. 엄연한 이해타산을 전제로 한다. 아무리 부부라 할지라도 현실적 이해타산을 완벽하게 공유하기란 매우 어렵다. 그래서 둘 사이엔 조금씩 틈이 생기기 시작한다. 그 틈이 곧 갈등이고, 갈등의 끝에는 언제나 부부싸움이 있게 마련이다.

우리는 흔히 일심동체(一心同體)라는 말을 많이 쓴다. 옛날 결혼식 주례에 빠짐없이 등장하는 어휘가 바로 일심동체이다. 일심동체가 되어 검은 머리가 파뿌리가 될 때까지 해로(偕老)하라는 덕담은 오래도록 많은 부부의 좌우명처럼 내려 왔다. 참, 좋은 말이다. 서로 다른 두 사람이 사랑으로 만나 마음과 몸이 하나가 되어 일생을 살아간다면 그보다 좋은 일이 또 어디 있겠는가? 그러나 그건 어려운 일이다. 대부분의 보편적인 부부들은 그렇게 살지를 못한다.

왜 그런 것일까?

우리는 간과하고 있었던 것이다. 부부싸움의 원인이 바로 일심동체에 있었다는 역설적인 사실을. 부부는 30년을 전후로 한 서로 다른 두 삶의 결합이다. 그런데도 불구하고 서약 하나로 하루아침에 일심동체가 되라는 것은 사실 지나친 요구라고 볼 수밖에 없다. 그건 불가능에 가깝다. 만약 그렇게 되려면 어느 한쪽이 자신의 삶을 포기해야만 하는데 누가 선뜻 자신의 삶을 포기하고 상대의 삶 속에 귀속되기를 원할까?

그러므로 아무리 사랑하는 부부라 하더라도 일심동체가 되기 위하여 노력해서는 안 된다. 각자 독립된 인격체로 서야 한다. 서로의 다름을 인정해 주어야 한다. 진정한 사랑이란 바로 거기에서 뿌리를 내리는 것, 한 쌍의 부부로 묶였음에도 서로 다른 삶이 조화를 이루는 것, 그것이 바로 진정한 부부의 사랑인 것이다.

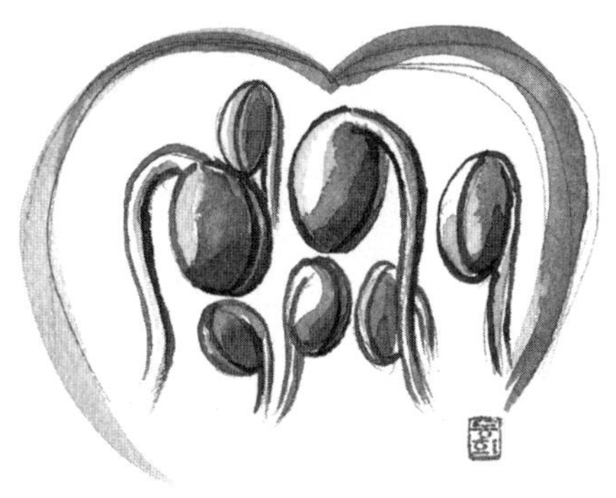

콩나물은 대가리는 하나지만 껍질을 벗기면 둘입니다
그러나 둘도 아니고 결국 뿌리로 하나가 됩니다
하나인 듯 둘이고 둘인 듯 하나인 것
아내는 그것이 부부라고 말을 합니다

—「콩나물 사랑법 1」 부분. 『잠든 아내 곁에서』 1994 온누리

젊은 시절 아내와 마주앉아 콩나물을 다듬으며 쓴 시이다. 하나인 듯 둘이고 둘인 듯 하나인 것. 그렇다. 부부란 바로 그러한 관계인 것이다. 여기서 둘이라고 하는 것은 따로따로 떨어져 있는 삶을 말하는 것이 아니라 상대의 고유한 정신세계를 서로 인정해 주면서 함께 조화를 이루는 삶이라는 뜻이다.

그러나 그게 어찌 쉬운 일이겠는가. 사랑은 항용 집착을 낳고, 집착은 소유욕을 낳는다. 그래서 상대방을 자신의 삶에 귀속시키려 한다. 상대방을 향해 집요하게 자신의 삶으로 하나가 되라고 강요한다. 그러므로 거기에는 필연적으로 갈등이 생길 수밖에 없다.

나도 많이 싸웠다. 싸워야 할 이유는 너무나 많았다. 아내가 아이들을 어렸을 적부터 체계적으로 가르치자 하면 나는 아이들은 아이들답게 자유롭게 키우자 하였고, 처갓집 식구도 잘 챙겨야 된다고 말하면 시부모도 마음으로 정성껏 모셔야 한다고 언성을 높였다. 그뿐만이 아니었다. 당신도 남들처럼 눈치껏 살라 하면 이 땅의 교사인 내가 어찌 눈치껏 사느냐고 눈을 부라렸고, 출근 시간 늦지 않게 와이셔츠도 좀 다려 놓으라 하면 아이 셋 키우기도 힘든데 그 정도는 당신이 알아서 하라 눈꼬리를 치켜세웠다. 소주 몇 잔에 취해서 돌아오면 당신 건강도 건강이지만 아이들 교육에 안 좋다고 하고, 여자 제자를 만난다 하면 괜히 강짜를 부렸다. 정말로 싸울 이유가 너무나 많았다.

> 우리는 서로가 서로의 세계로 하나가 되는 것을 고집했다
> 부부는 결코 하나가 되어서는 안 되는 것을
> 현악기의 화음이 서로 다른 음색의 정겨운 손잡음임을 몰랐다
> —「잠든 아내 곁에서 5」 부분. 『잠든 아내 곁에서』 1994 온누리

참으로 소중한 깨달음이었다. 부부는 결코 하나가 되어서는 안 되는 것을. 현악기는 종류에 따라 약간의 차이는 있지만 대체로 여러 개의 현(絃)으로 이루어져 있다. 그리고 그 현들은 각자의 독특한 음색으로 전체의 화음에 참여하고 있다. 1번 현은 1번 현대로, 2번 현은 2번 현대로……. 그런데 1번 현이 2번 현에게, 아니면 2번 현이 1번 현에게 서로 자신의 음색을 닮아 오라고 강요한다면 그 어찌 화음을 이룰 수 있겠는가. 현악기의 아름다운 화음은 서로 다른 음색의 정겨운 손잡음인 것이다.

부부도 마찬가지이다. 지아비는 지아비다워야 하고, 지어미는 지어미다워야 한다. 지아비의 삶은 있는데 지어미의 삶이 없거나 지어미의 삶은 있는데 지아비의 삶이 없다면 그것은 불행한 삶이다. 부부란 서로 다른 두 사람이 만나서 함께 살아가는 관계이다. 함께 살아가는 관계라고 해서 모든 걸 함께 보고 함께 감동하고

함께 분노하라는 것은 아니다. 함께할 수 있는 것은 함께하지만 그렇지 못한 것은 억지로 함께함을 강요하지 말자는 것이다. 행복한 부부의 삶은 서로의 음색을 서로 존중해주는 배려에서 오는 것임을 명심하자.

교직에 오래 있다 보니 가끔 제자들에게 주례를 부탁받을 때가 있다. 처음엔 몇 번 사양해 보았지만, 여의치 않아 벌써 열 번을 넘게 주례를 보는 만용(?)을 부렸다. 그때마다 주례사의 핵심은 똑같았다.

일심동체(一心同體)가 아니라 이심이체(二心二體)가 되라는 것.

지아비는 지아비로서의 책임과 의무를, 지어미는 지어미로서의 책임과 의무를 다하되, 각자 독립된 인격체로서 지아비는 지어미의 삶을, 지어미는 지아비의 삶을 지배하거나 침해하는 일이 없도록 하라는 것.

그리하여 지아비와 지어미의 삶을 동시에 존재케 하면서 서로에 대한 사랑과 이해로써 조화를 이루라는 것.

하나인 듯 둘이고 둘인 듯 하나인 삶을 지향하라는 것.

현악기의 아름다운 화음이 서로 다른 두 음색의 정겨운 손잡음임을 명심하라는 것.

2

음식에도 계급이 있을까? 높은 계급의 사람들과 낮은 계급의 사람들이 먹는 음식이 서로 다를까?

그런데 유감스럽지만 음식에도 어느 정도의 계급이 존재한다는 사실을 우리는 인정해야만 한다. 일전에 청와대에서 몇몇 당 지도부들을 초대하여 오찬을 즐겼다는데, 거기에 등장한 음식 재료들이 항간의 빈축을 산 적이 있었다. 일반 서민들이 평생을 살아도 맛은커녕 구경조차 할 수 없는 샥스핀(상어지느러미)과 캐비아(철갑상어의 수정되지 않은 알), 그리고 송로버섯이 등장한 것이다. 그들이야 그런 능력과 권한이 있어서 보란 듯이 먹었겠지만, 그 소식을 접하고 왠지 서글픈 분노가 치밀어 오른 것은 비단 나뿐만이 아니었던 모양이다.

인간을 뜻하는 학명 중에 호모 폴리티쿠스(Homo politicus)란 게 있다. 인간은 정치적 동물이란 뜻이다. 끝없는 고뇌와 사색으로 고도의 정신적 경지에 오른 인간(Homo sapiens)은 질서와 효율이라는 명분 아래 정치적 조직을 만들어내는 데도 성공을 했던 것이다.

정치적 조직-그것은 철저히 힘의 논리를 바탕으로 한 권력의 피라미드였다. 그러므로 조직의 탄생은 곧 계급의 탄생을 의미하는 것이기도 했다. 높은 계급은 명령했고, 낮은 계급은 복종을 강요당했다. 영악한 인간들은 그 명령과 복종을 율법으로 명문화시켰고, 각기 그 계급에 맞는 제복을 창안해 냈다. 피라미드의 상층부에 자리하는 자일수록 화려하고 위엄 있는 옷[衣]을 입었고, 피라미드의 하층부에 자리하는 자일수록 비루하고 남루한 옷[衣]을 걸쳤다. 인간에 의한 인간의 지배는 그렇게 옷[衣]를 차별화하는 데서부터 출발했다. 그래서 인간의 3대 생존 조건인 의식주(衣食住)에서 옷[衣]이 맨 앞자리를 차지하는지도 모른다.

현대로 오면서 어느 정도 완화가 되기는 했지만, 그렇다고 완전히 자취를 감춘 것은 아니다. 언제부터인가 우리는 사용자와 노동자를 화이트칼라((White collar)와 불루칼라((White collar)로 구분하여 차별화하고 있다. 우리나라는 전통적으로 화이트칼라를 지향했고, 불루칼라를 천대했다. 화이트칼라끼리도 명찰을 가슴에 차거나 목에 걸어 자신들의 조직을 다른 조직들과 구분 짓고 있다. 그것은 일종의 자부심의 표현이면서 차별의 표지였다.

그리고 그 옷[衣]의 계급에 따라 먹는 것[食]도 차별화하였다. 아마도 대부분의 사람들이 평생을 살아도 샥스핀과 캐비아, 그리고 송로버섯은 구경조차 못할지도 모른다. 음식 중에는 낮은 계급의 사람들, 특히 경제적으로 낮은 계급의 사람들은 감히 엄두

조차 내지 못하는 것들이 있다. 계급이 높은 사람들이야 마음만 먹으면 어떤 음식이라도 먹을 수 있지만 낮은 계급의 사람들은 그렇질 못한 것이다. 슬프지만 그것이 현실이다.

그러나 계급의 고하를 막론하고 즐겨 먹을 수 있는 음식이 있으니, 그것이 바로 콩나물이다. 콩나물은 영양과 맛뿐만 아니라 값도 저렴하여 누구나 즐길 수 있는 국민 음식이다. 콩나물밥, 콩나물국, 콩나물 무침 등 콩나물로 요리해 먹을 수 있는 음식도 다양하다.

옛날엔 집집마다 직접 콩나물을 길러서 먹었지만, 요즘엔 마트나 시장에 가면 얼마든지 살 수가 있다. 그런데 그 콩나물도 약간의 차별이 있다. 마트 콩나물은 깔끔하게 다듬어져 봉지로 포장되어 있지만 시장 콩나물은 콩나물시루에서 대충 한 줌씩 뽑아낸 것이기 때문에 집에 와서 다시 한 번 다듬어야 한다. 그만큼 손이 더 간다. 그래서 많은 주부들이 마트 콩나물을 선호한다. 그러나 나는 시장 콩나물을 더 선호한다. 왜냐하면 시장 콩나물이 마트 콩나물보다 더 콩나물답고 서민적이기 때문이다.

처음엔 남자가 할 짓이 아니라며 짜증도 냈지만
요즘엔 나 스스로 재미가 나서

언제 적 것인지도 모를 신문지를 깔아 놓고는
아내와 마주 앉아 곧잘 콩나물을 다듬습니다

콩나물은 노란 대가리와 흰 뿌리로
신문지 위에서 언제나 의연합니다
우르과이 라운드니 농산물 개방인 어쩌구 하는
대문짝만한 일면 기사 위에서나
백억인지 천억인지 그 큰돈을 떡 주무르듯 했다는
탐욕스런 큰손 아줌마의 눈빛 위에서나
거리낌 없이 꼿꼿한 뿌리를 쭉쭉 내뻗기도 하고
더러는 몸뚱아리 하나로만 먹고 산다는
어느 광고 모델의 요염한 사타구니 사이로
천연덕스럽게 대가리를 디밀기도 하면서
풋풋한 재미를 즐깁니다

돈도 없고 명예는 물론 권세도 남만 못한
이 땅의 교사인 내가
오백 원어치 콩나물을 정성스럽게 다듬다 보면
콩나물처럼 머리를 맞대고 사는
평생을 살아도 신문 기사에 이름 석 자 오르지 못할

많은 이웃과 아이들이 손을 내밀며 걸어 나오고
콩나물만으로도 풍요로울 줄 아는
우리들의 소박한 식탁이 떠오릅니다

욕심을 낼래야 낼 건덕지도 없는
콩나물은 콩나물끼리 뿌리를 얽고는
서로가 서로의 상처를 다듬어 줍니다
마주앉은 아내와의 사랑이 다듬어지고
이웃들의 정겨운 웃음이 다듬어지고
아이들의 건강한 꿈이 다듬어지고
그렇게 다듬어진 콩나물들은
욕망으로 얼룩진 신문 활자를 당당히 즈려밟고는
싱싱한 우리의 양식이 되어 보란 듯이 손을 흔듭니다

—「콩나물 사랑법2」 전문. 『잠든 아내 곁에서』 1994 온누리

그렇게 다듬어진 콩나물은 밥이 되기도 하고, 국이 되기도 하고, 무침이 되기도 하여 우리들의 밥상에 오른다. 콩나물밥은 양념간장과 잘 어울리고, 콩나물국은 북어포와 잘 어울리고, 콩나물무침은 비빔과 잘 어울린다.

반찬이 여의치 않을 때는 콩나물밥을 해 먹고, 술을 마신 다음

날 아침에는 콩나물국을 끓여 먹고, 찬밥이 있을 때는 콩나물 무침에 비벼 먹기를 좋아한다.

태양이 어찌 그립지 않을까마는
햇빛 한 줌 비추지 않는 어둔 골방에서, 아니면 어느 후미진 구석에서
그래도 살아야하지 않겄능감, 서로의 선한 눈망울 맞부비며
그렇게 올망졸망 자라난 콩나물들을 보면
은근슬쩍 삶아내어 갖은 양념으로 버무린 무침을 보면
문득 밥을 비벼 먹고 싶다
고추장도 한 술 넣고 참기름도 넉넉히 두르고
큼직한 양푼에 오매 요 때깔 좀 보소, 이리저리 썩썩 비벼
육거리시장이나 서문시장, 아니면 어느 시골 장터 한복판에서
오가는 누구라도 옷자락 잡아끌어 숟가락 쥐어 주고는
좌판의 물건보다 더 많은 삶의 옹이를
워쩔거나, 그래서 요로코롬 돼 버렸구만 잉, 마디마디 엮어 듣고도 싶고
그 끝물에 탁배기 한 잔 쭈욱 들이키고는
세상 복판에 서지 못하면 어떠리
낮술에 얼큰히 취해 서로의 어깨를 겯고 싶다

그렇게 그들과 함께 비벼지고 싶다

—「콩나물을 보면 비비고 싶다」 전문. 『꽃 찾으러 간다』 2014 실천문학

3

요즘 콩나물의 대부분은 콩나물 공장에서 대량으로 생산되어 전국적으로 유통된다. 그러나 예전에는 모두들 집에서 길러 먹었다. 겨울의 어느 집을 가든 안방 윗목에 보자기를 뒤집어쓴 채 놓여 있던 콩나물시루를 보는 것은 그리 낯선 풍경이 아니었다. 주로 겨울에 그런 풍경을 볼 수 있었던 것은 여름철의 높은 온도가 콩나물 재배에 적당치 않기 때문이고, 보자기를 씌우는 것은 햇빛을 보면 콩나물이 비린내가 나고 질겨지기 때문이다.

나도 한때 콩나물을 길러본 적이 있었다. 셋째 딸을 낳고 난 이후였다. 점차 가사에 빠져들던 나는 내친 김에 콩나물을 길러보기로 했던 것이다. 우선 시중에서 파는 개량형 콩나물시루를 샀다. 마치 물시계처럼 물이 똑똑 떨어져 어느 정도의 양이 차면 자동적으로 물이 쏟아지는, 이른바 자동 급수 콩나물시루였다. 그리고 콩나물 콩도 샀다.

그러나 콩나물 기르기는 생각처럼 쉬운 일이 아니었다. 싹을 틔우는 것부터가 그랬다. 몇 번의 시행착오를 거친 끝에 싹을 틔우

는 데는 가까스로 성공을 하였지만, 때맞추어 물주는 것 또한 용이한 일이 아니었다. 아무리 자동 급수 콩나물시루라 할지라도 그걸 조절하는 일은 사람의 몫이었다. 주기를 너무 빨리 하면 뿌리가 누렇게 문드러졌고, 너무 느리게 하면 잔뿌리가 생겼다.

그래서 옛날 아낙들은 수시로 콩나물시루를 살폈고, 마실을 갔다가도 때가 되면 부리나케 집으로 달려갔던 모양이다.

너무 넘치면 발부리가 상하지요
너무 모자라면 머리에 잔뿌리도 생기구요

콩알 다듬어 시루에 담았다고 해서
그것이 모두 양식이 되는 건 아니겠지요

오늘 아침
당신은 당신의 시루에
정갈한 물 한 모금 때맞추어 주었는지요

—「콩나물 사랑법 3」 전문. 『아주 오래된 흔적』 2003 온누리

제3부

3월의 아이들

너희들 앞에 서면 몸이 떨린다
이 세상에서 가장 아름다운 것이
무엇이냐 물으면
나는 거침없이 대답할 수 있다
3월의 아이들, 바로 너희들이라고
톡, 건드리면
피아노 소리가 날 것 같다
온몸에 꽂히는 설렘의 눈빛
누구일까?
일 년을 함께할 선생님과 친구는
창밖엔 꽃샘바람 불어 가고

가만한 떨림 번져 가는 교실은
온통 꽃밭이다
올해는, 올해만큼은
마음에 수십 번 되뇌며
너희들 앞에 선
이 두렵고도 황홀한 자리에 선 나는
이 세상에서
가장 행복한 사람

—「3월의 아이들」 전문. 『잠든 아내 곁에서』 2014 온누리

새 학기가 시작되었다. '학기'라는 말은 원래 교육사회에서 사용하는 어휘인데, 그 앞에 '새'라고 하는 관형사가 붙는 순간 단박에 가슴 뛰게 하는 설렘의 어휘가 되어 버린다. 그리하여 새 학기를 맞이하는 학생들과 그 가정의 3월은 초록빛 흥분으로 출렁일 수밖에 없다. 그들에게만큼은 한 해의 실질적인 시작이 정초가 아니라 3월이기 때문이다. 그러므로 학생이 있는 3월의 가정은 분주하다. 그런 분주함은 희망과 다짐의 또 다른 표현이기도 하다.

상급학교의 새로운 교복을 입는 신입생들은 물론이거니와 학년 진급을 하는 여타의 학생들도 별반 다르지 않을 것이다. 새로운 학년, 새로운 학급, 새로운 친구, 그리고 새로운 선생님. 무엇 하

나 가슴 떨리는 아름다움이 아닌 게 없다. 학생뿐만 아니라 부모님도 그렇고, 선생님도 그렇다. 올해는, 올해만큼은 수십 번 되뇌며 한 해를 설계한다. 희망을 설계한다.

나는 학생들과 함께 이러한 설렘의 3월을 30년 이상 경험했다. 남들은 30년 이상 교단에 섰으면 이제 무덤덤해질 때도 되지 않았느냐고 하지만 천만의 말씀이다. 오히려 더 떨린다. 불안하고 긴장된다. 이런 경우 경력은 독이 될 수도 있다. 학생들은 항상 새로운 세대가 되어 다가오는데 선생님이란 존재가 고리타분한 옛날의 가치관을 가지고 그들을 맞이할 수는 없지 않은가? 어쩔 수 없는 세대 차이는 인정한다 하더라도 최대한 그들과 눈높이를 맞추기 위해 노력해야 한다. 그것이 새로운 세대에 대한 기성세대의 예의이다. 그래서 새 학기가 시작되기 전 며칠 밤을 뜬 눈으로 지새우기 일쑤이다.

새로운 학기의 첫 날. 연초록 새싹처럼 촉촉 돋아나는 설렘은 입학식 때부터 감지된다. 신입생과 재학생의 대면 인사를 끝으로 입학식이 끝나고 나면 학생들은 마치 약속이라도 한 듯 술렁이기 시작하는데, 바로 이어서 새로운 학급 담임과 교과 담임이 발표되기 때문이다. 여기저기서 환호성과 탄식이 터져 나오며 설렘의 흥분은 절정에 이른다. 일 년을 같이 할 새로운 인연을 만나는데 어찌 그렇지 않을 수 있으랴!

이 설렘의 흥분은 교실에 들어가서도 좀처럼 가라앉지 않는다. 그런 교실의 문을 처음 열고 들어설 때의 느낌. 가벼운 떨림으로 일시에 쏠리는 눈망울들. 아, 도대체 그 눈빛을 무어라 표현해야 할까? 이처럼 아름다운 눈망울이 반짝이는 꽃밭이 이 세상 또 어디에 있을까? 30년 이상 경험하는 일이면서도 나는 선뜻 입을 열지 못한다. 그저 조용히 미소만 지을 뿐, 밤새 연습했던 인사말이 영 떠오르지 않는다. 꽃샘바람은 어서 빨리 무슨 말인가를 하라고, 올해는 어떤 방식과 방향으로 수업활동을 할 것인가를 소상히 밝히라고 창문을 흔들며 지나간다.

또다시 시작인 것이다. 올해도 변함없이 두렵고도 황홀한 시간과 마주한 것이다. 참으로 아름다운 꽃밭에 든 것이다. 세상의 어느 누가 이런 꽃밭에 들 수가 있단 말인가? 그런데 나는 30년 이상 들었으니 얼마나 행복한 사람인가!

너희들도 이름이 있다

요즘 시골에는 젊은이들이 그리 많지 않다. 먹고 살기 위하여, 아이들의 교육을 위하여 모두 도시로 떠났기 때문이다. 시골의 어느 골목엘 가도 아기 울음소리가 들리지 않는다. 아이들이 없으니 학교도 그 존재의 명분을 잃어 버렸다. 그래서 언제부터인가 하나 둘씩 문을 닫기 시작하더니, 이제는 몇몇 학교만이 남아 그 명맥을 유지하고 있을 뿐, 만국기 휘날리는 초등학교 운동회는 이미 전설이 되어 버린 지 오래다. 경로당의 아랫목에나 가야 그 흔적을 찾을 수 있을 뿐이다.

그렇기 때문에 현재 시골에서 학교를 다니고 있는 학생들은 대부분 가정(경제)적인 면에서나 능력적인 면에서 한번쯤은 패배 의식을 경험한 경우가 대부분이다. 그것은 상급학교로 올라갈수록 심하다. 그런 이유로 시골학교에서 학생들을 지도하려면 각별한 배려가 필요하다.

그런 시골의 여자고등학교에 있었을 때의 일이다.

어느 해 봄날. 새봄맞이 대청소를 위해 교무실을 정리하는데, 구석에서 먼지를 잔뜩 뒤집어쓴 채 웅크리고 있는 화분 한 개를 발견했다. 무슨 화초가 심어져 있었는지는 모르지만, 그 흔적조차 알아보기 힘들었으며 흙마저도 딱딱하게 굳어 있었다. 그래서 그냥 버리려고 하다가 자세히 보니 화분이 범상치 않아 보였다. 직접 흙으로 빚어 가마에서 구워낸 주둥이 넓고 납작한 수제 화분이었다.

차마 그냥 버리기는 아까워 재활용 방안을 궁리해 보았으나 마땅한 방안이 떠오르지 않아 밑져야 본전이라는 심정으로 쓰레기장 옆의 흙을 한 삽씩 떠서 화분에 담아 놓았다. 처음엔 그냥 객기로 시작한 일이었지만, 이내 궁금해졌다. 누구도 거기에 인위적으로 무언가를 심지 않았지만, 내가 알지 못하는 무언가가 숨을 쉬고 있을 것이란 생각이 들었기 때문이었다. 그래서 그것을 다시 교무실로 가져와 창틀에 놓아두고는 끼니때마다 물을 주었다. 오히려 온전한 화분보다 더 많은 관심과 애정을 쏟았다. 오가던 동료 교사들이 별짓 다한다며 비아냥거렸지만, 오히려 나는 설렜다. 과연 어떤 생명체가 고개를 내밀 것인가? 내가 익히 알고 있던 얼굴일까? 아니면 전혀 모르는 얼굴일까? 아침저녁으로 들여다보고 또 들여다보았다.

마침내 초록 싹들이 돋아나기 시작했다, 어느 것은 쭉쭉 머리를 치밀어 올리기도 하고, 어느 것은 살짝 엎드려 낮은 눈빛을 내게 던지기도 하였다. 한 마디로 경이로움이었다. 그런데 유감스럽게도 나는 경이로움을 선사하는 그 초록의 것들을 내게로 부를 수가 없었다. 이름을 모르고 있었던 것이다. 길가나 들판에서 흔히 보았던 새싹들이었지만, 그 이름을 알 수 없었다. 줄기와 잎사귀만을 보고 그 풀이나 꽃의 이름을 알아낼 만큼 나는 식물이나 화초에 대한 지식이 없었던 것이다. 너무 흔하고, 너무 보잘 것 없어 그냥 무시하고 지나쳤기 때문이었다.

김춘수 시인은 말했다. 이름을 불러주기 전에는 모든 존재들이 하나의 무의미한 몸짓에 지나지 않는다고. 그 존재의 빛깔과 향기에 알맞은 이름을 불러 주었을 때 비로소 하나의 의미가 된다고. 그런데 나는 간과하고 있었던 것이다. 무심했던 것이다. 보잘 것 없다고 그냥 지나쳤던 것이다.

나는 지금까지 시골학교보다는 도시학교를, 실업학교보다는 인문학교를, 일반학교보다는 특수목적학교를 더 선호하지 않았던가? 공부 못하는 학생보다는 공부 잘하는 학생을, 예쁘지 않은 학생보다는 예쁜 학생을 편애하지 않았던가? 그러면서도 나는 실력 있는 교사, 인기 있는 교사를 자처했던 것은 아닐까?

자책과 회한의 물결이 엄습했다. 나는 매일 반성의 일기를 쓰며 정성껏 물을 주었다.

그렇게 얼마쯤 지났을까? 그 초록의 것들 중의 몇몇이 꽃을 피우기 시작했다. 아주 작고 하얀 꽃이 피는가 했더니 연이어 연한 남빛 꽃도 피었다. 모양도 조금씩 달랐다. 나는 서둘러 식물도감을 찾아보았다. 그리고는 찾아냈다. 그 하얗고 앙증맞은 꽃의 이름이 별꽃과 봄까치꽃이라는 것을. 그리고 조금 웃자라 있는 것이 개망초라는 것도. 비로소 별꽃과 봄까치꽃, 그리고 개망초가 내게로 와서 의미 있는 꽃이 되었다. 사소하고 보잘 것 없는 것이라 여겼지만, 가까이 놓고 이름을 불러주니 그렇게 아름다울 수가 없었다. 환희였다.

그때 비로소 나는 깨달았다. 이 세상의 모든 꽃들은 아무리 사소하고 하찮아 보이더라도 이름이 있다는 것을. 그 이름을 정겹

게 불러 주는 사람만이 꽃을 사랑할 수 있다는 것을.

상담 차 교무실에 왔던 한 무리의 학생들이 그 화분을 보고는 말했다.

"에이, 선생님. 화분도 좋고 그런데 왜 그딴 걸 키워요? 예쁘고 아름다운 꽃들이 얼마나 많은데……."

나는 웃었다. 그리고 그날 밤 시 한 편을 써서 다음 날 수업 시간에 발표를 했다.

선생님은 왜 잡초를 키우세요?
화분도 크고 모양새도 멋진데

가까이 두고 물을 주니 이름이 있구나
별꽃 봄맞이꽃 개망초……

에이, 요즘에 누가 그딴 걸 키워요
탐스럽고 아름다운 꽃들이 얼마나 많은데

그럼, 선생님도 예쁘고 공부 잘하는
아이들만 사랑해 줄까?

—「너희들도 이름이 있다」 전문

촌지(寸志)

촌지(寸志)-마음이 담긴 작은 선물이란 뜻이다. 원래는 좋은 말이었는데, 세속에 나와 의미가 타락해 버렸다. 그러므로 원래의 의미를 되살려 주변 사람들을 다시금 살펴보는 것도 나쁜 일은 아니다.

5월은 촌지의 계절이다. '어린이 날', '어버이 날', '스승의 날', '성년의 날', '부부의 날'-이 날들은 모두 존경하고 사랑하는 사람들끼리 촌지를 나누는 기념일이다. '어린이 날'은 내리사랑으로, '어버이 날'은 치사랑으로, '스승의 날'은 존경의 마음으로, '성년의 날'은 성찰의 자세로, '부부의 날'은 사랑의 눈빛으로 서로서로가 촌지를 주고받는 날이다. 매일 매일 반복되는 일상에서 단 하루만이라도 서로의 관계를 재확인하고, 그 고마움을 표시하기 위해

작은 촌지를 준비하는 것은 얼마나 아름다운 일인가.

그러나 유감스럽게도 이 당연한 미풍양속이 '스승의 날'만은 예외가 되고 있다. 일부 몰지각한 학부모와 교사가 없는 것은 아니지만, 그렇다고 순수한 사제지간의 정까지 왜곡시켜 볼 필요는 없다고 생각한다. 그 왜곡된 시선 때문에 '스승의 날'이 오는 것을 학생과 학부모, 그리고 교사마저도 꺼리니 참으로 안타까운 일이다. 학생과 학부모는 어느 정도(가격)의 선물을 할지 난감하고, 교사는 교사대로 그것이 뇌물로 비칠까봐 좌불안석이다. 오죽하면 존경과 감사의 마음이 오가야 할 '스승의 날'에 교문까지 아예 걸어 잠그는 학교가 생겨나게 되었을까?

나는 현직 교사다. 당연히 학부모나 학생들에게 촌지를 받아본 적이 있다. 그것도 한두 번이 아니다. 그러나 오해는 마시라. 기껏해야 시골에서 직접 재배한 감자나 고구마, 그리고 여학생들이 수줍게 전하는 꽃 한 송이 정도가 고작이기 때문이다. 그러나 나는 늘 감동한다. 이 감동이야말로 교사만이 누릴 수 있는 최고의 특권이라고 생각한다.

그 중에서도 결코 잊지 못할 촌지의 감동을 나는 갖고 있다.

단양에 있는 고등학교에서였다. 충주댐 건설로 인한 실향의 아픔이 낮은 음색으로 깔려 있던 지역이었다. 그러나 정작으로 더 큰 문제는 수몰 보상금으로 인한 지역 주민들끼리 갈등이었다. 하루아침에 형님 동생 하던 이웃이 돈 몇 푼으로 원수가 되었고, 난생 처음 만져본 큰돈을 주체하지 못해 노름에 손댔다가 패가망신하는 경우가 잦았기 때문이었다. 그로 인해 심심찮게 야반도주하는 일도 일어났으며, 심지어 살인 사건까지 일어났다.

그래서 날마다 나고 드는 학생들로 출석부는 늘 지저분했다.

그 해 5월이었다, 내가 담임하던 학급의 반장이 무단으로 결석을 했다. 하루 이틀이 아니라 일주일 이상 지속됐다. 여기저기 수소문해 보았지만, 감감무소식이었다. 요즘처럼 통신망이 발달하지 않은 시기였기 때문에 학생은 물론 그 가족의 행방조차 알아낼 재간이 없었다. 답답한 하루하루가 흘러갔다.

그러던 어느 날, 학생의 할머니란 분이 찾아오셨다. 전형적인 시골 노인의 모습이었다. 쭈볏쭈볏 교무실에 들어와 허리를 잔뜩 굽히더니 전학 서류를 떼어 달라는 것이었다. 속눈썹에 검은 물기가 배어 있었다. 묻지 않아도 그 내막은 어느 정도 짐작이 갔다. 그래서 공연히 이것저것 물어보지 않고 학생에 대한 당부와 위로의 말만 간단히 건네고는 서둘러 전학 서류를 작성해 주었다.

그런데 정작 나를 감동시킨 건 그 할머니가 몇 번인가 머리를 조아리며 교무실을 나간 뒤였다. 할머니가 앉아 있었던 접의자 위에 꼬깃꼬깃 뭉쳐진 검은 비닐봉지가 하나가 있었던 것이다. 혹시 깜박, 놓고 간 물건이 아닌가 하여 그 봉지를 열어 본 순간, 나는 그만 얼어붙고 말았다. 그 검은 비닐봉지 속에는 더도 덜도 말고 박카스가 딱 한 병, 들어 있었다. 따뜻한 할머니의 체온이 상기도 남아 있는.

나는 재빨리 창가로 가서 교문 쪽을 바라보았다. 할머니는 아카시아 꽃잎이 분분히 날리는 교문을 막 나서고 있었다. 그 꾸부정한 할머니의 뒷모습을 보니 가슴이 뭉클해지며 눈시울이 뜨거워졌다.

할머니는 손자의 담임선생님께 드릴 박카스 한 병을 사면서 과연 무슨 생각을 하셨을까? 고쟁이 속 쌈지는 또 얼마나 매만지셨을까?

올해도 어김없이 '스승의 날'은 찾아왔다. 〈세월호〉의 여파로 기념식마저 사라졌지만, 그렇다고 해서 '스승의 날' 본연의 가치가 사라지거나 변하는 것은 아닐 것이다. 스승은 옛날에도 있었고, 지금도 있고, 미래에도 있을 것이다. 세태가 아무리 변한다 하더라도 스승의 본분이 근본적으로 바뀌거나 그에 대한 고마움이 퇴색하는 것도 아닐 것이다.

우리 모두 반성해야 할 일이다. 스승이 스승 노릇을 제대로 못하고 그 대가만 바란 것은 아닌지, 스승에 대한 고마움을 마음이 아닌 물질의 크기로 저울질하려 했던 것은 아닌지 조용히 짚어볼 일이다. 서로의 잘못된 인식으로 말미암아 가장 소중하고 가치 있는 행위가 몰염치하거나 부도덕한 일로 자리매김하는 것은 아닌지 돌아보고 또 돌아볼 일이다. 그것은 모두에게 불행하고도 슬픈 일이다.

나는 5월의 햇빛이 비끼는 오후의 창가에 앉아 박카스 한 병의 추억을 떠올린다. 차마 잊을 수 없는 안타깝고 아름다운 추억이다. 지금쯤 어디서 무엇을 하고 있을까? 살아계시기나 하실까? 보고 싶다. 할머니에게는 손자, 그리고 나에게는 제자였던 그 학생과 함께.

그리고 또다시 박카스 한 병의 촌지를 받고도 싶다.

거북이를 위한 변명

맹자가 이르기를 '군자에게는 세 가지 즐거움이 있으니 부모가 모두 살아 계시고 형제가 모두 무고한 것이 그 첫 번째요, 하늘을 우러르고 땅을 굽어봐 부끄러움이 없는 것이 그 두 번째요, 천하의 영재를 얻어 교육하는 것이 그 세 번째다'라고 하였다. 그 중에서 첫 번째는 하늘의 뜻이니 내 능력 밖의 일이라 어쩔 수 없고, 두 번째는 속되게 살아온 내가 감히 넘볼 수 없는 경지니 일찌감치 포기할 수밖에 없었지만, 세 번째만은 내가 교직에 있으니 한 번쯤 욕심내 볼 만하다고 생각하여 그래도 우리 지역에서는 우수한 영재가 모인다는 학교 근무를 자청하여 오늘에 이르고 있다.

예상대로 학생들은 영특했고, 학습에 대한 반응 속도가 빨랐다. 더구나 이 아이들은 정상적인 고교 3년 과정보다 1년 일찍 대학에 진학할 수 있는 자격도 부여되어 있었다. 그리고 대학 진학도 모두 수시로 이루어지기 때문에 일반학교 학생들처럼 대학수학능력시험에 연연하지 않아도 되었다. 그 대신 보다 창의적이며 심층적인 학습을 받을 수 있는 혜택을 누렸다. 영특한 두뇌를 타고난 것만 해도 신의 축복인데, 거기에 특전에 특전이 부여되어 있으니 일반 학생들이 부러워하고 질투하는 것은 어쩜 당연한 일인지도 모르겠다.

특히 내가 담당하는 문학(국어)은 과학을 전공하는 그들에게 그리 중요한 과목이 아니라서, 더구나 학생들이 대학수학능력시험을 응시하지 않아서 일반학교에서처럼 문제집 풀이에 전전긍긍하지 않아도 되었다. 덕분에 그 동안 문학(국어)을 담당하면서 정말 가르치고 싶었지만, 입시 때문에 제쳐 두었던 영역을 마음껏 가르칠 수 있는 행운을 누릴 수 있게 되었다. 교과서 밖으로 나가 삶과 인생을 논했고, 영화를 보고 논쟁을 벌이기도 했다. 정말로 선생다운 선생 노릇을 하는 것 같았다. 나는 그런 행운에 감사를 하며, 그런 행운을 갖게 해 준 학생들의 능력에 찬사를 보냈다.

그러나 1-2년이 지나면서 그렇지만은 않다는 것을 깨닫게 되었다. 양(陽)이 있으면 음(陰)이 있는 법, 많은 학생들이 그들에게 부여된 특전을 누리며 2년 만에 상급학교로 진학을 했지만 몇몇 학생은 실패를 하여 그냥 학교에 남기도 하였다. 설상가상(雪上加

霜)으로 동료들보다 1년 늦게 졸업을 하면서도 또다시 진학에 실패하는 경우도 있었다.

작년에도 그런 학생이 한 명 있었다. 입학할 당시 부여받았던 특전을 하나도 활용하지 못한 채 2년 연속 대학 진학에 실패를 한 것이다. 그 자괴감과 절망감이 얼마나 컸을까? 차라리 일반학교 학생이었다면 그 상처가 덜했을 것이라 생각하니 마음이 더욱 아팠다. 무어라 위로의 말을 찾을 수가 없었다. 그래서 그 학생을 불러 시집 한 권을 주면서 거기에 이렇게 써 주었다. 칼릴 지브란의 〈예언자〉에 나오는 글귀였다.

"거북은 토끼보다 길에 대해 할 말이 많습니다."

내가 써 준 이 글귀를 보고 그 학생이 얼마나 마음의 위로를 받았는지는 모르지만, 이 글귀는 새삼 나의 삶도 되돌아보게 하는 계기를 마련해 주었다.

삶은 속전속결(速戰速決)도 아니고, 속성재배(速成栽培)도 아니다. 공기(工期)를 단축해야 하는 건설 현장은 더더욱 아니다. 빨리 간다고 신의 선물이 기다리고 있는 것도 아니다. 그런데 우리들은 지금 너무 서두르고 있다. 빠른 게 미덕이 되어 버렸다. 자랑이 되어 버렸다. 그래서 정작 소중한 것을 놓치고 있다.

어느 인디언이 말을 달렸더랬다. 무언가에 쫓기듯 무언가를 쫓

듯, 산을 넘고 강을 건너, 화살보다 빠르게 바람보다 은밀하게, 그저 앞만 보고 밤낮없이, 그렇게 달리다가 문득 어느 언덕의 나무 아래 말을 멈추고는 오래도록, 아주 오래도록 뒤를 바라보았더랬다. 너무 빨리 달려오는 바람에 미처 따라오지 못한 영혼을 기다리기 위해서였더란다.

우리도 여기쯤서 잠시 멈추어 볼 일이다. 그리고 한번쯤 뒤를 바라볼 일이다. 빠른 것이 좋은 것만은 아니다. 한번 지나친 것은 다시는 반송되지 않는다. 젊음도 첫사랑도 다시는 오지 않는다. 그리하여 천천히, 아주 천천히 가면서 들꽃도 골똘히 들여다보고, 솔숲을 스치는 바람소리에도 조용히 귀 기울여 볼 일이다. 그래서 나태주 시인은 노래했다. "자세히 보아야 아름답다/가까이 보아야 사랑스럽다/네가 그렇다."

소박하지만 절대 불변의 진리이다. 사실 우리에게 아름답고 사랑스러운 '너'는 바로 우리의 곁에 있다. 그런데 너무 서두는 바람에 그것을 인지하지 못하고 지나쳐버릴 뿐이다. 그러면서 항상 '너'는 저 앞에만 있다고 생각하며 조급증을 키우고 있는 것이다.

내가 근무하는 학교도 내년부터는 조기졸업이 제한된단다. 이에 대한 반응은 서로의 이해관계에 따라 다르겠지만, 거북이의 느림이 반드시 나쁜 것만은 아니라는 사실을 알아주었으면 한다.

"거북은 토끼보다 길에 대해 할 말이 많습니다."

상벌(賞罰)

1

학교도 일종의 조직체이다. 모든 조직체가 그러하듯 학교도 그 조직의 효율적인 운영과 관리를 위해 각종 규정을 둔다. 그 규정 중에 상벌규정이라는 게 있다. 잘하는 학생들은 어떻게 포상을 하고, 그렇지 못한 학생들은 어떻게 처벌할 것인가를 정해 놓은 규정이 바로 그것이다.

모든 학생들에게 포상을 한다면 오죽 좋을까마는 본의 아니게 처벌을 해야만 하는 경우도 종종 생긴다. 상벌은 언제나 공정하고 형평성이 있어야 한다는 것을 모르는 사람은 없을 것이지만 현실 세계에서는 그것이 그렇게 쉬운 일만을 아니다. 그래서 학교에서는 상벌위원회라는 것을 만들어 상벌의 등급과 경중을 결정한다. 그러나 그것이 매번 순조롭게 진행되는 것은 아니다. 포상의 등급을 결정하는 문제야 별 어려움이 없이 진행되지만, 처벌의 경중을 따지는 문제는 그렇게 간단하게 진행되지 않는다. 포상은 후한 것이 좋지만, 처벌은 그렇지 않기 때문이다. 가능하면 용서하려 하고, 용서가 안 되면 어떻게 해서든지 가볍게 처벌하려는 하는 것이 교사들의 인지상정이다.

물론 학생들도 입학할 때, 학교의 교칙을 어길 경우 그에 합당한 처벌을 받겠다는 서약서를 보호자 연서로 서명하여 제출한다. 그러나 이 서약서는 어떤 행위의 이행 여부가 아니라 이미 성문화된 어떤 조항을 어길 경우 그 조항에 명시된 처벌을 감수하겠다는 약속일 뿐 그렇게 구속력이 강한 것도 아니다. 그러므로 정상적인 학교생활을 하는 학생에게는 무의미한 휴지 조각에 불과할 뿐이다.

그런데 폭풍노도의 시대를 지나고 있는 학생들이 어찌 우리의 소망대로만 되겠는가? 학생들의 본능적 욕구는 늘 교칙의 테두리를 벗어나고자 한다. 그리고 벗어난다. 개개의 인간이 자신의 욕망을 다스리는 일은 매우 어려운 일이다. 그래서 조금씩은 벗어난다. 하물며 반항적 청소년기를 지나고 있는 학생들이야 더 말해 무엇 하겠는가. 많은 학생들이 조금씩 벗어난다. 남모르게 벗어나는 경우도 있지만, 눈에 띄게 벗어나는 경우도 있다. 그러나 그것이 현저하게 학교의 질서를 무너트리거나 남에게 해를 끼치는 경우가 아니라면 그냥 눈감아 주거나 훈방하는 것이 일반적이다.

그러나 그 벗어남이 지나치다면 어쩔 수 없이 징벌을 해야만 한다. 그런데 여기서 어려움에 봉착하고 만다. 그 벗어남의 기준이 상벌규정에 나와 있기는 하지만 어떻게 그 벗어남을 계량화하여 규정에 적용할 것인가, 하는 문제는 그렇게 만만한 것이 아니기 때문이다.

교사들은 법을 전문적으로 다루는 법조인들이 아니다. 범죄자를 취조하는 검찰도 경찰도 아니다. 학생들과 서로 사랑으로 부대끼는 당사자들일 뿐이다. 그런 교사들에게 사랑하는 제자를 처벌하라고 하는 것은 정말로 잔인한 일이다. 자칫하면 학생에게 씻을 수 없는 상처가 될 수도 있고, 인생 자체를 뒤흔들 수도 있기 때문이다. 상을 주고받는 것은 서로에게 기쁘고 행복한 일이지만, 벌을 주고받는 것을 서로에게 슬프고 괴로운 일이다.

그래서 상벌위원회가 열리는 것이다. 가능하면 많은 의견을 들어 학생에게 돌아가는 처벌의 수위를 조정하기 위해서이다. 어떻게 할 것인가? 그때마다 교사들은 딜레마에 빠지곤 한다.

용서할 것인가, 경종을 울릴 것인가?

2

〈삼국지연의〉에는 장수들이 출전에 앞서 주군에게 군령장을 쓰는 장면이 많이 나온다. 군령장이란 원래 군사적인 명령을 적어 놓은 문서를 이르는 말인데, 〈삼국지연의〉에서는 중요한 임무를 맡은 장수가 그것을 반드시 완수하겠다며 주군에게 바치는 일종의 각서의 의미로 사용되고 있다. 또한 거기에는 만약 임무를 완수하지 못하면 목숨을 내놓겠다는 결사(決死)의 승부수까지 더해지는 경우가 많다.

그런 군령장 중, 두 개의 유명한 군령장이 있다. 하나는 관우의 군령장이고, 또 다른 하나는 마속의 군령장이다. 군령장을 쓴 사람은 두 사람이지만, 군령장을 받은 사람은 제갈량 한 사람이다.

적벽대전 당시 조조는 유비와 손권의 연합군에게 대패하여 쫓기게 되는데, 이때 제갈량은 조운과 장비에게는 조조의 길목을 차단하라는 명령을 내리지만 관우에게는 아무런 명령도 내리지 않는다. 이에 자존심이 상한 관우가 따지자 제갈량은 정색을 하고 말한다. 이번 전쟁의 승리로 조조의 명줄을 완전히 끊어 놓아야 하는데, 지난 날 조조에게 은혜를 입은 적이 있는 관우 장군은 조조의 목에 칼을 들이대지 못할 것이라고. 그래서 출전을 시키지 않은 것이라고. 이에 관우는 만약 자신이 조조를 살려 보내면 목숨을 내놓겠다는 군령장을 쓰고 출병을 허락받는다. 조조가 쫓기는 마지막 길목 화용도*로였다.

한때 관우는 조조의 진영에 투항하였던 적이 있었다. 그때 조조는 관우의 인간됨을 흠모하여 미녀와 적토마를 선물로 보내며 자기 사람으로 만들고자 했으나 관우는 요지부동이었다. 관우에게는 오직 한 사람, 유비만이 있을 뿐이었다. 그 이외는 어느 누구도 주군으로 생각하지 않았다. 아무리 조조가 손을 내밀어도 거들떠보지 않았다. 그러던 중 기회가 찾아오자마자 조금의 망설임도 없이 탈출을 감행했던 것이다. 게다가 오관참장(五關斬將)**까지 하면서. 이 사실을 뒤늦게 안 조조는 뒤쫓을 수도 있었지만, 그러지 않았다. 오히려 주군에 대한 충절로 그 어떤 유혹도 뿌리치는 일편단심(一片丹心)에 존경심마저 표했다.

이런 사연을 제갈량이 모를 리가 없었던 것이다. 그걸 알고 제갈량은 관우를 화용도로 보냈다는 것이다. 그의 예상은 적중했다. 인간적 의리를 중시하는 관우는 결국 조조를 살려 보내고 만다. 전하는 바에 의하면 제갈량은 조조의 천명(天命)이 아직 남았음을 알고 일부러 관우를 보냈다는 것인데, 그리하여 관우로 하여금

---

* 적벽대전에 나오는 지명

** 조조(曹操)에게 의탁하고 있던 관우(關羽)가 유비(劉備)가 있는 곳으로 가기 위하여 조조의 영역을 벗어나며 저지하는 장수들을 베고 다섯 관문을 돌파한 고사(故事)에서 유래

옛날의 은혜를 갚도록 하였다는 것인데, 실제로 그렇다면 참으로 신출귀몰이다.

그러나 제갈량은 군령장을 어기고 돌아온 관우에게 즉각 참수형을 내린다. 절체절명! 그 순간 유비의 읍소(泣訴)로 참수를 면하기는 하지만, 그 결과 관우는 결국 제갈량에게 목숨을 빚진 처지가 되고 만다. 그렇게 해서 제갈량은 자신을 어린 서생에 불과하다며 업신여기기까지 하던 관우의 기(氣)를 완전히 꺾어 승복(承服)시키는 데 성공한다.

군령장은 그렇게 휴지 조각이 되어 버렸다. 전쟁터에서의 군령장은 지엄하거늘, 아무리 주군의 부탁이라 할지라도 군법을 엄정하게 시행해야 할 사람이 스스로 그 군법을 어겨 버리고 만 것이다. 그걸 누구보다도 잘 알고 있었을 제갈량일 터인데 왜 그랬던 것일까? 관우를 죽임으로써 관우와 의형제 사이인 주군의 미움을 받는 것이 두려워서일까? 죽이기에는 관우의 재능이 너무 아까워서일까?

당시 유비의 진영은 주군인 유비를 중심으로 그와 도원결의(桃園結義)를 한 관우와 장비가 권력의 핵심에 포진하고 있었을 것임은 불문가지의 사실이다. 아무리 삼고초려(三顧草廬)의 제갈량이라 할지라도 처음에는 이 삼형제 앞에서는 몸을 사리는 수밖에 없었다. 그러나 자신의 원대한 포부를 펼치기 위해서는 주군인 유비야 어쩔 수 없다 할지라도 관우와 장비의 기세는 어느 정도 꺾어 놓아야 할 필요성을 절감했다. 그래서 제갈량은 몇 개의 책략으로 용맹은 하지만 조금 우직한 장비를 간단하게 제압하는 데 성공하지만, 지용(智勇)을 겸비한 관우에게는 그게 잘 통하지 않았던 것이다. 오히려 어린 서생에 불과한 자가 주군의 총애를 믿고 너무 나부댄다고 눈까지 흘겼다. 그래서 제갈량은 기회를 노리고 있었던 것이다. 그때 적벽대전이 터졌고, 그 전쟁의 승패를 훤히 내다보고 있던 제갈량은 관우로 하여금 군령장을 쓰게 하여 그를 꼼짝 못하게 승복(承服)시켜 버리고 만 것이다.

이 군령장 사건 이후로 관우는 목숨을 빚진 제갈량에게 고분고분해질 수밖에 없었다. 더 나아가 존경하는 마음까지 품었다. 그리하여 제갈량은 단숨에 장비와 관우를 제치고 서열 2인자로 자신의 입지를 굳히는 데 성공을 한 것이다.

읍참마속(泣斬馬謖)은 세상에 널리 회자(膾炙)되는 유명한 고사성어(故事成語)이다. 그대로 직역을 하면 '눈물을 머금고 마속의 목을 벤다'는 말이다. 마속은 제갈량과도 친분이 있던 마량 오형제 중의 막내이다. 마량 오형제는 모두 출중하였는데, 그 중 눈썹이 하얀 마량이 가장 뛰어났다고 한다. 그래서 지금도 여러 무리 중에 가장 뛰어난 것을 백미(白眉)라 부른다.

마속은 그 마량의 막내 동생이다. 형인 마속의 능력에는 못 미쳤는지는 몰라도 천하제일의 제갈량으로부터 일찍이 그 재능을 인정받았으니 그 또한 대단한 인물임에는 틀림이 없다. 유비는 마속에 대해 "말은 그럴 듯하게 하지만 실행 능력이 없는 자다. 책사로 쓰려면 마속보다 조운을 쓰는 게 낫다"라며 조심할 것을 당부했지만, 제갈량은 듣지 않고 늘 가까이 아끼며 후계자로까지 삼으려 했다.

제갈량이 위나라와 전쟁을 할 때의 일이다. 위나라의 조비는 명장 사마의를 앞세웠다. 사마의의 명성과 지략을 익히 알고 있었던 제갈량은 누구를 보내 그와 대적할 것인지에 대해 고민하였는데, 이때 기세등등하게 자원을 한 사람이 바로 마속이었다. 그러나 제갈량은 머뭇거렸다. 마속이 뛰어난 장수이긴 하지만 아직 나이가 어려 사마의에 비해 모든 면에서 부족하다고 여겼기 때문이었다.

그러나 마속은 고집을 꺾지 않았다. 실패하면 목숨을 내놓겠다고 군령장까지 썼다. 결국 제갈량은 신중하게 처신할 것은 당부하며 몇 가지 책략을 세워주었다.

불길한 예감은 적중한다고 했던가. 마속은 평지에 진을 치라는 제갈량의 명을 어기고, 자신의 생각대로 높은 산에 진을 쳤다가 대패하고 만다. 결국 마속은 부장 10여 명과 함께 탈출하게 되지만, 제갈량은 눈물을 머금고 마속의 목을 베고 만다. 승패를 가늠할 수 없는 전쟁터에서 군령의 엄정함을 보이기 위해서였다. 그리고는 후주인 유선에게 장계를 올리고, 패전의 책임을 스스로에게 물어 3등급 계급을 강등하였다. 선참후주((先斬後奏)를 한 것이다. 선참후주란 먼저 목을 베고 나중에 진상을 보고한다는 뜻이다.

관우도 군령장을 썼고, 마속도 군령장을 썼다. 둘 다 목숨을 걸었다. 그런데 관우는 살아났고, 마속은 죽었다. 그 생사를 결정한 사람은 오직 한 사람 제갈량이었다. 제갈량은 웃으면서 관우를 살려 주었고, 울면서 마속을 죽였다.

관우는 유비가 가장 아끼던 사람이었고, 마속은 약간 마뜩잖게 여기던 사람이었다. 관우는 유비의 생전(生前)에 군령을 어겼고, 마속은 유비의 사후(死後)에 군령은 어겼다. 그렇다면 유비의 생전과 사후가 제갈량의 판단에 영향을 미쳤던 것일까? 정말 그랬을까?

모두 알고 있다시피 제갈량은 유비에 의해 삼고초려(三顧草廬) 된 불세출(不世出)의 책사(策士)이다. 그가 삼고초려에 응한 것은 자신이 품고 있던 웅대한 포부를 실현하고 싶었기 때문일 것이다. 그 포부를 실현하기 위해서는 앞에 걸림돌이 없어야 했는데,

아이러니하게도 유비의 의형제인 관우가 가장 큰 걸림돌이었던 것이다. 매사에 고분고분하지 않았다. 그렇다고 그를 일개 병사쯤으로 취급하여 가볍게 처분할 수도 없는 노릇이었다. 그는 당대 최고의 장수였고, 더구나 주군과 도원결의(桃園結義)로 맺은 의형제가 아니던가!

사실 관우의 군령장은 전쟁의 승패와 상관이 없었다. 승패가 결정된 전쟁의 끝자락이었다. 처음부터 제갈량은 모든 걸 예측하고 있었다. 화용도로 관우를 보내도 되었고, 안 보내도 되었다. 제갈량의 속셈은 따로 있었다. 관우로 하여금 은혜를 갚도록 하면서도 그걸 이용하여 그를 승복(承服)시키고 싶었던 것이다. 그러므로 군령장은 하나의 미끼에 불과했다.

그러나 불행하게도 마속은 관우와 달랐다. 관우처럼 주군의 의형제도 아니었고, 공(功)의 중량감을 따져도 관우와는 비교조차 안 되었다. 승패가 결정된 전쟁의 끝자락도 아니었다. 승패가 곧 나라의 운명을 가름하는 전쟁의 긴박한 분수령이었다. 관우처럼 관용을 베푼 것도 아니고, 섣불리 만용을 부린 것이었다. 그로 인해 전쟁에서 패배했고, 군사들의 사기가 흔들리고 있었던 것이다. 그걸 다잡아야 했다. 제갈량은 일벌백계(一罰百戒)가 필요했다. 그래서 눈물을 머금고 마속을 참하고, 스스로는 강등하여 전쟁에서 패한 죄를 물어야 했던 것이다.

다시 정리하자면, 제갈량은 관우를 살려주면서 그를 승복(承服)시켰고, 마속은 목을 베면서 다른 장수들에게 경종을 울렸다. 제갈량의 입장에서 보면 모두 사람의 목숨을 좌지우지하면서 소기의 성과를 거둔 셈이다.

3

승복관우(承服關羽)를 할 것인가, 읍참마속(泣斬馬謖)을 할 것인가?

만약 제갈량이 지금 살아온다면 어떤 결정을 내릴 것인가?

오늘도 많은 교사들은 고민을 하고 있다.

응답하라, 대한민국

1

2017년 3월 31일. 마침내 세월호가 수면 위로 떠올랐다. 맹골 수로의 깊고 어두운 바다 속에서 3년 동안이나 침묵하고 있던 세월호가 모두의 간절한 소망으로 우리 앞에 그 모습의 드러낸 것이다. 여기저기 찢어지고 녹슬어 있는, 그것도 똑바로 서 있지 못하고 옆으로 누워 있는 처참한 모습이었다.

2014년 4월 15일, 인천항에서 단원고등학고 수학여행단을 비롯한 476명의 승객을 태우고 제주도 항하다가 이튿날, 그러니까 2014년 4월 16일 아침, 팽목항 근처에서 침몰한 지 1081일 만이었다. 이 사고로 476명 중 304명이 사망했거나 실종되었다.

2

대한민국에서 제일 크다는 여객선 '세월호'가 침몰한 것은 2014년 4월 16일 아침이었다. 국민 모두가 하루 일과를 막 시작하던 무렵이었다.

476명의 탑승객 중 304명이 사망하거나 실종된 사상 초유의 대형 참사. 더구나 그 탑승객 중의 대부분이 고등학교 수학여행단이었다는 사실은 우리의 가슴을 더욱 아프게 한다.

선장과 승무원들은 배가 옆으로 기울어 침몰해 가는데도 승객들의 생사는 제쳐둔 채 우왕좌왕하다가 자기들만 먼저 탈출했다고 한다. 또한 재난 구조 당국과의 소통도 제대로 되지 않아 황금 같은 구조의 시간을 낭비하고, 그나마 뒤늦은 구조 활동마저 갈팡질팡하는 바람에 '세월호'는 전 국민이 TV 화면으로 지켜보는 가운데 수많은 생명과 함께 서서히 물속으로 잠겨 갔다. 오호, 애재라. 그럼에도 불구하고 정부의 발표 내용은 무엇을 근거로 하는지 아침과 저녁이 다르고, 어제와 오늘이 다르다. 그래서 국민들은 분노하는데, 정부는 발뺌과 변명에 급급하다. 오히려 뻔뻔스럽게 남의 탓으로 돌리며 책임자의 엄단과 처벌만을 강조하고 있다. 그러나 따지고 보면 궁극적으로 사죄하고 책임져야할 사람은 누구인가?

생각해 보라. 내 부모형제가, 내 자식이, 내 제자가 눈앞에 뻔히 보이는 거대한 배에 갇혀 생사조차 모르는 상황이라면 당신은 어찌할 것인가? 참으로 피가 거꾸로 솟을 일이다. 대통령이 아니라 옥황상제가 와도 그 절박한 외침은 바뀌지 않는다. 그런데도 불구하고 뭐라 하는가? 우아한 기품을 지닌 대통령이 경호의 위험을 무릅쓰고 몸소 행차하셨는데도 고함을 지르고 욕설을 해대니 미개한 국민이 따로 없다고? 대선을 꿈꾸는 유력 정치인의 아들이었단다. 이게 도대체 제 정신으로 하는 말인가? 본인은 이 나라의 대통령을 얼마나 절대적 존재로 보는지는 모르겠지만, 그래서 본인의 아버지가 대통령을 꿈꾸는 것인지는 모르겠지만, 대통령이라는 존재가 가족을 잃은 분노와 슬픔까지 인내하며 머리를 조아려야만 하는 그런 절대적 우상은 아닐 것이다.

또한 장관과 함께 온 송 아무개라는 고위 당직자는 사망자 명단 앞에서 기념사진을 찍겠다며 유가족들에게 자리를 피해 달라고 요구했다고 한다. '기념'이라 함은 어떤 뜻 깊은 일이나 훌륭한 인물 등을 오래도록 잊지 아니하고 마음에 간직한다는 뜻인데, 사람이 죽고 죽어가는 아수라의 현장에 와서 무엇을 기념하겠다는 것인지 참으로 기가 찰 노릇이다. 그뿐이랴, 희생자 가족들은 바닥에 웅크리고 앉아 망연자실, 물 한 모금조차 제대로 마시지 못하는데, 명색이 위로하러 왔다는 교육부장관은 배가 얼마나 고팠기에 그 옆에 마련된 의전용 의자에 앉아 청승맞게 라면을 먹고 있는가. 한 술 더 떠 청와대 대변인은 라면에 계란 넣어 먹은 것도 아닌데 웬 호들갑이냐며 정색을 하니, 모두가 유유상종이다.

유유상종은 여기서 끝나지 않는다. 어느 여성 국회의원은 참사 현장에 유가족을 가장한 선동꾼이 있다는 허위 사실을 유포해 명예훼손 혐의로 고발을 당하는가 하면, 세종시장과 세종시 교육감 후보는 국가적 재난 상황과는 아랑곳없이 폭탄주를 돌리며 정치적 우의를 다지다 구설에 오르기도 했다. 또한 어디서 근원도 알 수 없는 여자 잠수부도 나타나 말도 안 되는 유언비어를 퍼트려 국민들을 현혹하고, 무책임한 언론은 그걸 검증도 하지 않은 채 특종이라고 보도하여 국제적 망신을 당하기도 했다.

또 이런 사건만 있으면 어디 빠지랴. 지 아무갠가 하는 사람은 침몰 사고에 대한 시민들의 비판을 '시체 장사'로 지칭하며 '세월호 침몰 사고는 좌파에 의한 기획된 음모'라고 주장하고, 급기야 어느 여당 국회의원 입에서도 색깔론이 터져 나온다. 이번 '세월호' 침몰 사건을 계기로 좌파 단체의 정부 전복 작전이 전개될 것이니, 이참에 그 종북세력의 뿌리를 뽑아야 한다고. 툭하면 종북 프레임을 걸어 국민의 합리적 의문을 적대시하더니, 그래서 덕 좀 보더니, 이제는 아예 치매에 걸려 올바른 사리판단을 못하는가 보다.

'세월호'는 이런 총체적 부실의 세월이 누적되어 침몰한 것이다. 불통과 독단과 오만으로 치닫던 대한민국이 침몰한 것이다.

2

봄날은 간다. 붙잡아도 봄날은 가고, 붙잡지 않아도 봄날은 간다. 웃어도 봄날은 가고, 울어도 봄날은 간다. 배가 침몰해도 봄날은 가고, 그 속에 사람이 있다고 울부짖어도 봄날은 간다. 야속하게도, 정말 야속하게도 맹골수로의 거센 조류를 타고 이 땅의 봄날은 간다.

산제비 마중 간다며 앙가슴 설레던 그 봄날의 아이들. 그래서 남쪽 나라로 배를 띄웠던 것인데……봄날이 다 가기 전에 돌아오마 알뜰한 맹세도 했던 것인데……꽃이 피면 같이 웃고, 꽃이 지면 같이 울자 손가락 걸었던 것인데……슬퍼라, 아직도 아이들은

돌아오지 않고 있으니, 새벽마다 정화수 정갈한 성황당 앞에서, 돌아오라, 돌아오라, 두 손 모아 간절했건만, 서역(西域)은 그리도 먼 나라인가. 아무런 기별도 없이 봄날은 간다.

봄날은 간다. 영원한 물 속 수학여행을 떠난 아이들의 애틋한 사랑 위로도 봄날은 가고, 그 사랑 쓸어안고 밤하늘에 띄우는 우리들의 눈물별 밑으로도 봄날은 간다. 새파란 풀잎 떠가는 저 물길에 꽃 편지나 한 장 부쳐 볼까? 청노새 찔렁대는 역마차에 전보나 한 통 쳐 볼까? 속절없어라. 그저 막막한 슬픔을 즈려밟고 봄날은 간다.

그 슬픔으로 촛불을 밝혀도 봄날은 가고, 그깟 게 무슨 슬픔이냐 사정없이 물대포를 쏘아도 봄날은 간다. 멍 든 울음 한 조각 달래주기는커녕 오히려 최루액만 뿌리며 싸늘히 웃으며 간다.

3

문학은 인간의 정서와 사상을 언어로 형상화한 예술이다. 그 중에서도 소설은 우리가 살아가는 이야기(story)를 적절한 서술과 대화로 구성하여 개연성 있는 서사구조(fiction)를 창조하는 산문문학의 대표적인 양식이다. 여기서 개연성이라는 말은 모든 사건과 사고가 인과적 필연성으로 연결되어야 한다는 의미이다. 그러므로 인과적 필연성은 소설의 가장 중요한 요소의 하나라고 할 수 있다.

현실에서 일어나는 대부분의 사건과 사고는 모두 인과관계를 지니고 있다. 언제나 결과는 원인을 동반한다. 원인이 없는 결과는 이 세상에 존재하지 않는다. 그러므로 이 세상의 그 어떤 사건과 사고도 그 행위를 촉발시킨 원인이 필연적으로 존재한다고 보아야 한다. 수사기관의 업무가 바로 그 원인을 밝혀내는 일이다. 그런데 수사기관이 그 원인을 제대로 밝혀내지 못하거나 밝혀냈다하더라도 그 인과관계가 명확치 못하면 세상은 수사기관을 불신할 수밖에 없다. 그리고는 나름의 상상력을 동원하여 그 사건과 사고의 인과관계를 추적하기 시작한다. 모두가 소설가가 된다.

천안함 사건도 정부의 발표를 곧이곧대로 믿지 않는 사람들이 많다. 동시 다발적으로 발생한 무인기 추락 사고도 고개를 흔들며 반신반의하는 사람들이 있다. 침몰과 추락이라는 엄연한 사실(fact)이 있음에도 그 결과에 이르는 수사 당국의 발표가 인과적 필연성이 부족했기 때문이다. 그런데 유감스럽게도 정부 당국의 발표를 믿지 않으면 종북(從北)이라고 밀어붙인다. 믿으면 아군이고 믿지 않으면 적군이란다. 모든 걸 단세포적 이분법으로 재단하여 피아(彼我)를 구분한다. 거기에 합리적 의문과 논리는 존재하지 않는다. 인과적 필연성은 그렇게 우격다짐으로 완성되는 것이 아니다. 오히려 우격다짐은 당국에 대한 불신을 키우고, 더 많은 국민들을 소설가로 만들 뿐이다.

이러한 국민들의 소설적 상상력은 세월호 침몰 사건에 와서 정점을 찍는다.

전 국민을, 아니 전 세계를 경악시킨 사고였음에도 불구하고 아직까지도 그 침몰 원인을 명확한 인과관계로 설명하지 못하고 있다. 선박 개조설, 화물 과적설, 좌초설, 잠수함 충돌설 등 갖가지 설이 난무하고 있는데도 수사기관은 거기에 대해서는 단 한 마디의 명확한 설명도 없이 세월호의 실질적 소유자라는 유병언이란 인물에게 전 국민의 이목을 집중시켰다.

모든 방송이, 특히 종편(종합편성 채널)이라고 하는 TV 채널들은 지치지도 않고 백 일이 넘도록 각 분야의 전문가들을 불러 유병언을 해체하고 분석했다. 인신공격이 난무했고, 종교에 대한 개인적 견해도 여과 없이 전파를 탔다. 국민들도 최면에 걸리듯 거기에 빠져들어 누구는 고개를 끄덕거리고, 누구는 고개를 갸우뚱거렸다. 그러면서 자연스럽게 세월호의 침몰 경위와 유가족들의 울부짖음을 뒤로 밀어 냈다. 오로지 유병언의 개인적 삶에 매달렸다. 본질에서 동떨어진 사안에 집중했다. 그러다 보니 애초의 주제에서 멀어진 채 소설은 장편으로 치달았다. 본말(本末)이 전도(顚倒)되었다. 그것이 당국의 의도였다면, 그 의도는 일단 성공한 셈이다.

그렇게 소설이 장편으로 치닫고 있을 무렵, 마치 모두의 소설적 상상력을 비웃기라도 하듯 유병언의 사체가 발견되었다는 소식이 전파를 탔다. 사망한 지 한참이나 지난 사체라는 것이었다. 그런데 의문점이 한두 가지 아니었다. 사체가 발견된 장소와 시점이 그랬고, 사체의 자세와 부패 정도가 그랬고, 주변 풀들의 상태와 소지품의 내역이 그랬다. 그 의문점을 일일이 나열하기도 힘들다.

모두들 수사 당국의 발표를 기다렸다. 그런데 이번에도 수사 당국의 발표는 앞뒤가 맞지 않았다. 흔히 엉뚱한 이야기를 하면 '소설을 쓴다'라고 말을 하는데, 모르는 소리이다. 소설은 비록 허구라 할지라도 앞뒤의 아귀가 딱 맞는 인과적 서사구조로 되어 있지만, 수사 당국의 발표는 엄연한 사실인데도 불구하고 그렇지가 못했다. 도주에서부터 사망에 이르기까지의 과정이 인과적으로 연결되어 있지 않았다. 심지어 자살인지 타살인지, 아니면 자연사인지도 모른다고 했다. 수사 기관의 발표가 허점투성이니 또다시 언론과 국민들은 소설적 상상력을 발휘할 수밖에. 나라 전체가 소설적 광풍에 휩쓸렸다. 그 광풍에 수사 당국이 뒤따라갔다.

그래도 천안함이나 무인기 추락 사건은 처음에 조금 오락가락한 점은 있지만, 막판에 가서는 정부 당국의 주장을 일방적으로 밀어붙여 어느 정도 여론을 잠재웠지만, 이번 세월호의 침몰과 유병언, 유병언의 죽음과 그를 둘러싼 종교 단체의 인과관계는 일방적으로 밀어붙이지도 못한 채 갈팡질팡하고 있다. 천안함과 무인기 추락 사건은 그나마 화강암처럼 견고하게 굳어 있는 종북 프레임으로 일단 넘어갈 수는 있었으나 이번 세월호 침몰 사건은 그렇지도 못했다. 아니 국민들이 속아 넘어가지 않았다. 애초에 그걸 시도하려고 한 사람들이 없었던 것은 아니지만, 아예 소설의 기본마저 갖추지 못한 유치하고 치졸한 상상력의 산물이었기 때문에 관심권 밖으로 밀려났다.

그래서 수사 당국의 무능이 만천하에 드러나고 말았다. 수사 당국의 모든 발표는 작위적이고 일관성이 없었다. 그러니 인과관계에 허점이 드러나는 것은 당연지사. 그걸 믿으라고 윽박지를 수도 없다. 사면초가(四面楚歌)이다.

그러나 모르겠다. 혹시 어떤 결과를 의도하기 위하여 일부러 무능한 척 하는 것은 아닌지, 아니면 우리 몰래 우리보다 한 수 더 높은 인과관계를 만들고 있는 것은 아닌지, 물음표가 물음표에 이어 꼬리를 문다. 양치기 소년의 우화가 자꾸만 떠오르기도 한다. 이미 몇 번 당해 본 학습효과 때문인지도 모르겠다. 모두가 사건의 앞뒤 인과관계가 맞지 않거나 모호하기 때문에 생기는 현상이다.

아무래도 앞으로 사법고시와 경찰고시의 시험 과목에 〈소설창작론〉이라는 교과목을 첨가해야 할 것 같다.

4

술을 어떻게 따르고 어떻게 마시는가에 따라 음주 문화의 유형을 흔히 자작(自酌)과 대작(對酌), 그리고 수작(酬酌)으로 구분한다. 자작은 말 그대로 자신이 마시고 싶은 양만큼만 스스로 조절하는 개인주의적 성향이 강한 음주 문화이고, 대작은 술잔을 서로 교환하지 않으면서 일제히 상호 결속의 건배를 외치는 집단주의적 성향이 강한 음주 문화이며, 수작은 서로 술잔을 주고받으며 소통을 중시하는 공동체적 성향이 강한 음주 문화이다.

한국은 전통적으로 수작 문화를 가지고 있다. 수작의 수(酬)는 내가 남에게 따라 주는 것을 말하고, 작(酌)은 그 답례로 남이 나에게 따라 주는 것을 말한다. 그러므로 수작은 나와 네가, 너와 내가, 더 나아가 우리 모두가 술잔을 주고받는 음주 문화이다. 그렇다고 아무하고나 수작을 할 수 있는 것은 아니다. 마음이 통하거나 통하고 싶은 사람끼리만 가능하다.

또한 수작에는 예의범절이 있다. 윗사람에게 술잔을 바칠 때는 상대방의 배꼽 위까지 팔을 올리지 말아야 하고, 받을 때도 마찬가지이다. 술을 따를 때에도 술병이나 주전자를 반드시 오른손으로 잡아야 하고, 왼손으로 오른 손목을 감싸야 한다. 그 대상이 윗사람이면 술을 따른 후 상대가 술잔을 입에 대기 전에 술병을 내려놓아서도 안 되고, 윗사람에게 술잔을 받을 때에도 윗사람이 술병을 내려놓기 전에 술잔을 내려놓아서도 안 된다. 그리고 그 술을 다 마시거나 감사히 마시겠다는 의미로 술잔에 입을 대었다가 떼어야만 한다.

한 마디로 수작은 격식과 예의범절을 중요시한다. 그래서 수작은 단순히 술잔을 주고받는 것이 아니라 마음을 주고받는 음주 행위이다. 흉허물이 없는 사람끼리, 존경이 오가는 사람끼리 마음을 주고받는다는 것, 그것은 곧 공동체적 사회의 질서와 조화를 의미한다. 그러므로 우리 모두는 수작을 원활하게 할 줄 알아야 한다. 남편과 아내, 부모와 자식, 선생과 제자 등 남녀노소를 불문하고 격의 없이 수작을 할 줄 알아야 한다. 그렇게 수작을 할 수 있는 사회가 건강한 사회이다.

그러나 안타깝게도 요즘의 수작은 원활하지 못하다. 모두가 둘러 앉아 허심탄회하게 마음을 주고받을 수 있는 두레상이 사라지고 있다. 존경으로 올리고, 사랑으로 내리는 상경하애(上敬下愛)의 미풍양속이 꼬리를 감추고 있다. 왜 그런 것일까?

부귀와 권력은 기질적으로 수작을 싫어한다. 남의 잔을 빼앗을지언정 자기 잔을 남에게 주려 하지 않는다. 그래서 그들은 세상의 술판을 교묘하게 빠져나가 자기들만의 술판을 만든다. 거기서 수작이 아닌 대작을 하며 의기양양하게 건배사를 외친다. 그렇게 조직의 안녕과 결속을 다진다. 그러면서 수작의 미개성을 홍보하는 논리를 개발하거나 남녀 간의 음란한 교섭이라는 의미를 덧붙여 세상에 유포시킨다. 그리하여 수작을 즐기는 수많은 장삼이사(張三李四)들을 졸지에 열등하고 음란한 부족으로 만들어 버린다.

그들이 벌이는 술판은 우아하다. 그들이 마시는 술맛은 달콤하다. 그러나 무엇보다도 우리가 알아야 할 것은 그들이 벌이는 술판이 높고 견고한 성곽으로 둘러싸여 있다는 점이다. 좀처럼 깨트리기 힘든 불통(不通)의 만리장성이다. 그러므로 성곽 안과 밖은 수작은 불가능하다. 그들 중의 좌장격인 성주는 푸른 지붕의 거대한 궁궐에서 산다. 그는 올림머리를 즐겨하며 자작을 즐긴다. 그러다 취기가 도도해지면 성 밖으로 근엄한 하사주(下賜酒)를 내리곤 하는데, 만약 받아 마시지 않으면 불경죄로 다스린다고 엄포까지 놓는다. 그러나 성곽 밖에서 올리는 대동민초주(大同民草酒)는 거들떠보지도 않는다. 그러므로 수작이 될 리 만무하다.

이번에도 우리의 성주는 자작을 즐기고 있었던 모양이다. 배는 침몰하고 있는데, 그 안에서 수많은 목숨들이 살려 달라 부르짖고 있는데, 그저 모르쇠로 아침부터 술에 취해 있었던 모양이다. 무려 일곱 시간 동안이나 술에 취해 비몽사몽하면서 올림머리에 열중하고 있었던 모양이다. 그리고는 뒤늦게 술이 덜 깬 부스스한 모습으로 나타나 횡설수설했던 모양이다.

5

갇혀 있다. 그들은 갇혀 있다. 그리하여 성곽 바깥의 소리를 귀담아 듣지 못한다. 설령 바깥의 소리가 성곽을 넘는다하더라도 교묘하게 왜곡하거나 폄하하여 듣는다. 그들의 오독(誤讀)과 오청(誤聽) 능력은 우리의 상상을 초월한다. 오히려 그들은 자기들이 쌓아 놓은 성곽 안에 우리들을 가두고 있다고 믿는다. 그래서 하루도 빠짐없이 성루에 올라 확성기의 볼륨을 높인다.

세월호 참사에서부터 유병언 씨의 개인사와 그의 죽음, 세월호 특별법의 난항과 그 책임의 소재, 그리고 목숨 걸고 단식을 하였던 김영오 씨의 사생활과 그것의 악의적 까발리기. 몇몇 신문과 그들이 운영하는 종편을 보면 그야말로 점입가경(漸入佳境)이다. 성곽 바깥에 있는 자들은 모두 가만히 있으란다. 가만히 앉아 들려주는 이야기나 들으란다. 그것이 국가를 위한 최선의 선택이란다. 그러면서 성곽을 향해 주먹질을 하거나 욕설을 하는 것은 국가의 화합을 위해(危害)하는 불순분자들의 책동이라고 몰아붙인다.

세월호 참사의 진실 규명과 세월호 특별법 제정을 요구하며 40여 일 단식 투쟁을 벌였던 고 김유민 양의 아버지 김영오 씨. 그에 대한 일부 언론의 파헤치기는 도를 넘었다. 김영오 씨가 이혼남이라는 사실과 세월호 참사가 무슨 관련이 있다는 것인지, 이

혼한 사람과 자식들 사이에는 부녀 관계가 성립되지 않는다는 것인지 그들의 논조가 해괴하기 짝이 없다. 고 김유민 양의 외삼촌 말을 인용하여 "유민이가 어렸을 때 기저귀 한 번 갈아 주지 않았다. 이혼한 누나가 10년 간 혼자 키웠다. 그러므로 단식에 진정성이 없다."라고 대서특필하면서 〈유민 아빠 '아빠의 자격' 논란〉, 〈유민 외가(外家) "저 사람 지금 이러는 거 이해 안 돼"〉라고 표제를 큼지막하게 뽑았다.

1960년대 미국에서 '먹레이킹 저널리즘(Muckraking Journalism)'이 횡행한 적이 있었다. 먹레이킹 저널리즘이란 독자들의 관심을 끌기 위하여 취재원의 비밀 보장이나 인격과는 아랑곳없이 쓰레기 더미를 갈퀴로 긁듯이 경쟁적으로 보도하는 행태를 말한다. 그러므로 먹레이킹 저널리즘은 흠집내기와 꼬투리 잡기식 보도로 일관할 뿐 진실 추구와는 거리가 멀다. 그런데 1960년대도 아닌 이 대명천지의 밀레니엄 시대에 이러한 보도가 횡행하고 있으니 개탄할 노릇이다.

언론의 역할과 기능이 무엇인지 요즘처럼 헛갈리기는 처음이다. 정부와 청와대에 대한 비판에는 눈과 귀를 막으면서도 유병언 씨 일가와 그의 죽음, 그리고 김영오 씨의 이혼 전력과 개인사에는 연일 스포츠 중계하듯 지면과 시간을 아낌없이 할애한다. 마녀 사냥이 따로 없다. 그 정교함과 순발력이 타의 추종을 불허

한다. 그렇게까지 정부와 여당의 충실한 대변자나 방패막이 노릇을 하여 무엇을 얻자는 것인지 아리송하다. 그렇게 하면 이 땅 위에 그들의 천국이 올 수 있다고 믿는 것일까?

우리는 그 물음표에 고개를 젓는다. 그것은 그들의 착각이다. 홍위병 언론을 앞세운 그들의 이야기는 결코 그들의 천국을 만들지 못할 것이다. 우리가 갇힌 게 아니라 그들이 갇혀 있다. 그들은 이미 그걸 알고 있다. 그래서 어떻게든지 이 상황을 모면하려고 마녀 사냥의 목소리를 단말마적으로 높이고 있는 것이다. 그것은 그만큼 그들이 불안한 두려움을 가지고 있다는 증거이기도 하다.

그들은 갇혀 있다. 그들이 쌓아 놓은 성곽에 그들이 갇혀 있다. 역사는 그걸 증명할 것이다. 분노의 희망이 위선의 조바심을 이길 것이다. 그들의, 그들에 의한, 그들을 위한 자작과 대작의 시대가 끝나고, 우리 모두 두레상에 둘러 앉아 대동민초주를 수작하는 시대가 반드시 오고야 말 것이다.

다만, 그 시대를 기다리는 현실이 비극적일 뿐이다.

6

어쩌다 대한민국이 이 모양 이 꼴이 되었는가?

응답하라. 대한민국.

나의 삶, 나의 길

—마지막 수업(2016년 2월)

교직이라는 직업을 가지고 한 세상 잘 놀다 갑니다. 그 놀이마당에 늘 여러분들이 있었습니다. 문학이 있었고, 시가 있었습니다. 그것을 아우르는 학교가 있었고, 동료 교사들이 있었습니다. 그리하여 참으로 행복했습니다. 즐거웠습니다.

나는 장문석입니다. 장문석 선생입니다.

어렸을 적 내 꿈은 선생님이었습니다. 그 이유는 아주 간단합니다. 아버지가 선생님이었기 때문이었습니다. 그 시절 내가 알고 있던 유일한 직업이 바로 선생님이기도 했습니다. 성장하면서도 그 꿈은 조금도 바뀌지 않았습니다. 누구를 가르친다는 게 그렇게 멋져 보일 수가 없어 보였습니다. 위대해 보이기까지 했습니다. 더구나 그 당시 국립 사범대학은 학비가 매우 쌌기 때문에 그리 넉넉지 않은 우리 집 형편으로서는 최고의 선택이기도 했습니다. 사범대학에는 글쓰기와 관련이 있는 국어교육과도 있어 그야말로 금상첨화였습니다. 그렇게 하여 국어교육과에 입학하여 현대문학을 전공했고, 그것이 평생의 직업이 되어 오늘에 이르게 되었습니다.

그러나 교직의 길은 그렇게 만만한 것이 아니었습니다. 그렇게 낭만적인 것도 아니었습니다. 번번이 실패를 했고 좌절을 했습니다. 가끔은 자포자기도 했습니다. 수많은 시행착오가 있었습니다. 가르치는 일은 그렇게 단순한 직업이 아니었습니다. 어쩌면 자기 구도의 길일지도 모른다는 생각을 하기도 했습니다. 자신도 깨우치지도 못하면서 남을 깨우친다고 울대에 힘을 줄 수는 없는 노릇이기 때문입니다.

그런 이유로 그 당시에 썼던 「가르치는 일은」이란 시 한 편을 소개할까 합니다. 처음엔 나 자신을 다짐하기 위해 썼지만, 그 이후로는 내 교직 생활의 지표가 되었던 시이기도 합니다.

가르치는 일은
신이 아닌 사람이 사람을 만나는 일입니다

가르치는 일은
이리 오라 앞에서 부르는 것이 아니라
등 뒤에서 조심스레 밀어 주는 일이며
당당한 목소리로 울대에 힘을 주는 것이 아니라
같은 방향을 향해 다정히 어깨를 맞대는 일입니다
바람을 막아 주는 것이 아니라
바람 앞에 곤두선 눈빛으로 서게 하는 일이며
잔잔한 바다에 닻줄을 내려 주는 것이 아니라
돛대의 흰 이빨을 갈아세우며 바다로 나가게 하는 일입니다
가르치는 일은
어둠마저 질려 버린 벚꽃의 화려한 거리보다는
진달래 꽃불로 흘러내리는 서러운 비탈산을 알게 하는 일이며
주는 모이나 쪼는 평화의 비둘기보다는
빗줄기 찌르는 힘찬 독수리의 분노를 보게 하는 일입니다
잠자는 왕자, 개구리 공주가 어떻고 저떻고 하기보다는
이 땅의 마당쇠, 돌쇠, 점순이, 언년이와 친하게 하는 일이며
모차르트 흐르는 안락한 방 안의 휴식보다는
북소리 둥둥 울리며 분단의 강토를 힘들여 걷게 하는 일입니다
가르치는 일은
너무 아름다워 감당 못하는 꿈들을 가슴에 주렁주렁 달아 주는

것이 아니라

소박하고도 단단한 꿈들만 소중히 모아 땀 흘려 벼리게 하는 일이며

그저 그렇게 물이나 주는 것이 아니라

언 땅 헤치고 나갈 뿌리를 다독거리는 일입니다

밤을 향해 가는 노을빛 사랑이 아니라

새벽을 향해 가는 빛살 무늬 사랑을 담아 주는 일이며

장화 신고 조심조심 진흙길 건너게 하는 것이 아니라

맨발로 빠져 함께 돌다리를 놓는 일입니다

가르치는 일은

신이 아닌 사람이 하는 일 중 가장 보람된 일입니다

그런 마음으로 삼십 년도 훨씬 넘는 세월을 보냈습니다. 그 세월 동안 좋은 선생님이 되기 위해서 참으로 많은 노력을 기울였습니다. 그러나 그 다짐이 어찌 뜻대로야 되겠습니까? 돌아보면 아쉽고 안타까웠던 일들이 한둘이 아닙니다. 더 잘할 수도 있었는데, 그땐 왜 그렇게 하지 못했을까, 미련과 회한이 지금도 밀물처럼 밀려듭니다. 그러나 미련과 회한이 있다는 것은 그만큼 역설적으로 행복하고 즐거운 삶이었다는 반증은 아닐까요? 만약 지루하고 힘들기만 했던 시절이었다면 어떻게 미련과 회한이 생기

겠습니까? 그렇습니다. 전체적으로 보면 참으로 행복하고 즐거웠던 시절이었습니다. 다시 태어난다고 해도 나는 아마 서슴없이 이 직업을 택할 것입니다.

인연과 인연이 모여서 한 사람의 인생이 됩니다. 한 사람의 인생에서 어찌 인연의 경중을 따지겠습니까마는, 인연은 때로 한 인간의 운명을 송두리째 바꾸어 놓기도 합니다. 한용운님은 그 순간을 '날카로운 첫 키스'라고 표현을 했습니다. '날카로운 첫 키스'는 어떤 인연과의 첫 만남을 의미합니다. 그 만남이 얼마나 짜릿한 전율이었기에 '날카로운'이라는 언어를 사용하였을까요? 더구나 그 '날카로운 첫 키스'는 '나의 운명의 지침을 돌려놓고 뒷걸음쳐서 사라졌'다고 했습니다. 그렇습니다. 우리는 살아가면서 인생의 분기점이 되는 수많은 인연을 만납니다. 날카로운 첫 키스도 있겠고, 그렇지 못한 키스도 있을 것입니다. 그런데 그 인연을 잘 활용하는 사람이 있는가 하면 그냥 헛되이 허비해 버리는 사람이 더 많습니다.

모든 인연을 소중히 여기십시오. 그 인연이 여러분의 운명의 지침을 돌려놓을 수도 있기 때문입니다.

지금부터 여러분들에게 하고자 이야기는 그 인연에 대한 것입니다. 육십 평생 마주쳤던 인연과 인연들, 그 인연들은 알게 모르게 나의 길, 나의 삶에 엄청난 영향을 끼쳤습니다.

초등학교 5학년 때였습니다. 지금은 폐교가 되어 버린 옥산면 금계리에 있는 작은 초등학교에서였습니다. 그때 담임선생님은 충북 아동 글짓기 지도 위원이시기도 했던 총각 선생님이셨습니다. 그런데 그 선생님은 청주에서부터 학교까지 그 먼 거리를 자전거로 출퇴근을 하셨습니다. 정확히는 모르지만 아마 2,30㎞는 족히 넘었을 것입니다. 게다가 절반 이상은 비포장도로였습니다. 그래서 눈비가 오는 날이면 곧잘 결근도 하셨습니다.

그날도 비가 오는 날이었습니다. 선생님은 오지 않으셨고 우리는 자습을 했습니다. 옆 반 선생님께서 우리에게 글짓기를 하라고 하셨습니다. 그때 나는 처음으로 동시라는 것을 써 보았는데, 그 제목이 바로 「책상」이었습니다.

곰보딱지 내 책상

칼로 그으면
아파서 엉엉엉

걸레로 닦아 주면

좋아서 싱글벙글

어떻게 시행을 나누고 어떻게 연을 띄웠는지 모릅니다. 시는 그냥 그렇게 쓰는 것인 줄로만 알았습니다. 그러나 누가 알았겠습니까? 이 시가 나의 운명의 지침을 돌려놓는 '날카로운 첫 키스'가 될 줄을.

다음 날 오신 담임선생님께서 보시고 칭찬을 하셨습니다. 칭찬은 거기기 끝나질 않았고 무슨 신문엔가 게재까지 되어 한동안 교실 뒤 게시판을 장식하기도 하였습니다.

이후로 나는 각종 백일장에 글짓기 선수로 참여하게 되었고, 심심찮게 수상을 하기도 했습니다. '너, 글을 참 잘 쓰는구나. 아주 재주가 있어. 나중에 훌륭한 작가가 될 수 있을 거야.' 한 마디로 'You can'이었습니다. 국어 선생이 영어를 써서 죄송합니다만, 영어 표기가 더 간단명료하기 때문에 어쩔 수 없이 사용하는 것이니 이해해 주시기 바랍니다. 어쨌든 처음으로 선생님으로부터, 부모님으로부터 가능성을 인정받는 순간이었습니다. 그것은 곧 문학인으로서의 내 삶이 시작됨을 알리는 운명의 신호탄이기도 했습니다.

여러분들은 고등학생입니다. 그러므로 지금까지 살아오면서 많은 선생님, 또는 부모님으로부터 'You can'이라는 말을 수없이 들어왔을 것입니다. 무엇인가 잘할 수 있다는 것, 그리고 그 능력을 누구에겐가 인정받는다는 것, 그것은 얼마나 행복한 일입니까?

그런데 종종 부모님들은 욕심을 부립니다. 'You can'이 아니라 'You should'나 'You must'가 되어 버리는 것이죠. 다시 말하자면 가능성에 대한 인정과 격려가 어느 순간 직접적이든 간접적이든 강압적 성격을 띠게 된다는 말입니다. 자식에 대한 지나친 기대 심리이거나 아니면 자신이 못다 이룬 꿈에 대한 보상 심리가 그런 상황을 만든다고 합니다. 그러나 그런 상황이 되면 피차 어느 정도 부담감을 가질 수밖에 없고, 자칫하면 좋지 않은 결과를 가져올 수 있음을 우리는 주변의 사례를 통하여 잘 알고 있습니다.

헤르만 헤세의 「수레바퀴 밑에서」라는 소설이 있습니다. 여러분도 아마 읽어보았을 것입니다. 주인공 '한스 기벤라트'는 아주 뛰어난 재능의 소년이었으나, 집이 가난하여 신학교에 진학할 수밖에 없었습니다. 거기서 그는 모든 놀이를 금지당한 채 아침부터 밤까지 시험공부에만 매달려야 했습니다. 다행히 뛰어난 성적으로 상급학교 시험에 합격은 했지만 상황은 하나도 변하지 않았습니다. 오직 'You must'만 존재할 뿐이었습니다. 결국 그는 그걸 감당하지 못한 채 죽음의 길로 가고 맙니다. 'You must'란 수레바퀴에 깔리고 만 것이죠.

여러분들도 한 번 생각해 보시기 바랍니다. 나의 부모님이 나에게 'You can'을 하고 계신지, 아니면 'You should'나 'You must'를 하고 계신지.

그러나 무엇보다도 중요한 것은 거기에 대한 여러분들의 반응입니다. 'You can'이 됐든, 'You should'나 'You must'가 됐든 거기에 여러분들이 어떻게 반응을 보이느냐 하는 것입니다. 가장 바람직한 반응은 'I will'입니다. '나는 할 수 있다.'라는 자부심입니다. 이 자부심이야말로 삶의 성패를 가름할 수 있는 가장 중요한 자산입니다. 자부심만 있다면 사실 'You can'이 됐든, 'You should'나 'You must'가 됐든 크게 개의할 일은 아닙니다. 자부심은 그 모든 것을 뛰어넘을 수 있으니까요.

그러나 여기서 잠깐, 한 가지 짚고 넘어가야 할 것이 있습니다. 부모님이나 주변의 칭찬에 혹하여 자신의 능력을 너무 과대평가하지 말라는 것입니다. 그것은 오히려 여러분에게 독이 될 수도 있습니다. '여우의 신포도' 이야기를 잘 알고 있겠죠. 굶주린 여우가 어느 날, 잘 익은 포도송이를 발견하지만 아무리 뛰어도 닿지를 않자 '저것은 신포도야'라고 중얼거리며 지친 발걸음을 옮겼다는 우화 말입니다.

끝내 포도를 얻지 못하고 돌아서는 여우. 그 여우는 현명했던 것일까요, 아니면 우둔했던 것일까요? 글쎄요, 여러분을 어떻게 생각할지 모르겠지만, 나는 어느 정도 현명했다고 판단합니다. 왜냐하면 불가능한 일을 중도에서 그만둘 줄 알았으니까요. 우리 주변에는 능력이 부족한데도 불구하고 그걸 인정하지 못한 채 무모한 도전을 계속하는 사람들이 의외로 많습니다. 즉, 무모한 'I will'을 하는 것이죠. 나는 그런 사람들을 어리석다고 생각합니다. 안 되는 것은 포기할 줄도 알아야 합니다. 포기는 깨끗할수록 좋습니다. 뒤끝이 없어야 합니다. 구차한 변명은 하지 맙시다. 여우는 그 점에서 잘못을 범했습니다. 변명을 한 겁니다. '저것은 신 포도'라고. 그러나 그런다고 해서 상황이 바뀌거나 남들이 자신을 더 알아주는 것도 아닙니다. 그러므로 긍정적인 것이든 부정적인 것이든 인정할 땐 깨끗하게 인정을 하고 물러날 줄 알아야 합니다. '저것은 사실 매우 맛있는 포도다. 정말로 먹고 싶은데 내 능력으로는 닿을 수 없다. 하지만 이 세상 어딘가에 나만의, 내 눈높이에 맞는 포도가 있을 것이다. 내일은 그 포도를 찾아 길을 떠날 것이다.'라고 담담하게 말할 수 있어야 합니다.

그 지점에서 진정한 'I will'은 탄생합니다.

다시 앞의 이야기로 돌아와 볼까요? 초등학교 5학년 때, '너는 글을 잘 쓸 수 있다. 작가가 될 수 있는 재능이 있다.'라는 'You can'의 상황은 유감스럽게도 그렇게 오래 지속되질 못했습니다.

당시는 전기와 후기로 나누어지는 중학교 입시가 있었는데, 소위 명문이라는 학교는 대개 전기에 속해 있었죠. 그러나 나는 전기에 실패를 했고, 후기를 선택해야만 했습니다. 실력이 조금 부족했던 탓이죠. 그 여파였을까요? 공부는 시들했고, 생활도 모범적이지 않았습니다. 가끔은 술도 마셨고, 담배도 피웠습니다. 반항적 사춘기였습니다.

고등학교 시절도 별반 다르지 않았습니다. 당연히 명문 고등학교는 아니었습니다. 미래에 대한 청사진이 불투명했습니다. 의미 없는 하루하루가 흘러갔습니다. 'You can'을 외쳤던 사람들의 관심에서도 멀어졌고, 'I will' 또한 할 수 없었습니다.

그때는 펜팔이 유행이었습니다. 학생 잡지나 대중가요 책을 보면 맨 뒤쪽에 펜팔난이란 것이 있어 호기심 많고 치기만만한 청소년들을 유혹했습니다. 나 또한 그 유혹에서 예외는 아니었습니다. 온갖 미사여구를 동원해 편지를 썼습니다. 친구들의 편지도 대신 써 주었습니다. 모두들 잘 쓴다고 엄지를 치켜들었습니다. 엉뚱한 곳에서 'You can'의 불씨가 되살아나고 있었던 것입니다.

내가 다니던 학교는 사립이었습니다. 초등학교, 중학교, 고등학교, 대학교가 6개나 되는 제법 규모가 큰 학원이었습니다. 그 큰 학원에서 한 달에 한 번씩 신문을 발행하였는데, 그 신문의 우리 학교 학생 기자가 바로 내 옆 짝꿍이었습니다. 그것도 인연이라면 인연이었을까요? 어느 날 짝꿍이 말했습니다. 편지 쓰는 걸 보니 아주 잘 쓰는데, 소설을 한번 써 보는 것이 어떻겠느냐고.

그래서 밑져야 본전이라는 생각으로 쓴 것이 마치 사춘기 시절의 보고서와도 같은 「어린 방황」이란 소설이었습니다. 내 생애 처음으로 쓴 소설다운 소설이었습니다. 그런데 이 소설이 어찌어찌하다가 국어 선생님의 손에 들어가게 되었고, 급기야 학원 신문에까지 연재가 되었던 것입니다.

그리고 어린 시절의 꿈대로 사범대학에 진학을 하였습니다. 거기서 나는 정말로 운명적인 한 분을 만나게 됩니다. 내가 선생으로서, 작가로서 이렇게 설 수 있게 된 것은 상당 부분 그 분의 영향이었음을 지금도 고백하곤 합니다. 바로 「접시꽃 당신」과 「담쟁이」란 시로 유명한 도종환 선배와의 만남입니다. 그때 그는 같은 학과 3학년이었습니다. 그 3학년 선배들이 신입생 환영회를 해주었는데, 그 분은 내게 막걸리를 따라주며 물었습니다. 무엇을 잘하느냐고, 무엇을 하고 싶으냐고. 그래서 나는 소설을 쓴다고, 소설을 쓰고 싶다고 했더니, 써 놓은 소설이 있으면 가져와 보라는 것이었습니다.

그렇게 해서 대학신문 4월호부터 내 소설이 연재되기 시작했습니다. 화려한 봄빛과도 같은 'You can'의 찬사가 쏟아졌습니다.

대학신문문학상에 당선되기도 했습니다. 조금은 기고만장했습니다. 어쩜 그때부터 실질적인 'I will'이 이루어졌는지도 모르겠습니다.

졸업을 하고 군대를 갔다 오면서 창작 활동이 뜸해지기는 했지만, 그 열망만은 손에 쥐고 살았습니다. 그리고 교직에 들어왔고, 연이어 결혼도 하였습니다. 결혼한 아내에게 특별한 선물을 주고 싶었습니다. 그래서 오랜만에 소설을 한 편 썼는데, 이 소설이 교육신보 주최 전국 학예술상 공모에서 전국 대상을 받는 영광을 얻게 됩니다. 'I will'이 보다 선명한 빛을 발하는 순간이었습니다.

이후로 소설보다는 시가 더 적성에 맞는 것 같아 분야를 바꾸어 오늘에 이르고 있습니다. 어쨌든 분명한 것은 소설이든 시이든 어린 시절부터 지금까지 창작 활동에 전념해 왔다는 사실입니다. 그런데 이게 웬 천복입니까? 그 문학을 가르치는 일이 내 평생의 직업이었으니. 이 세상에 나처럼 천복을 타고 난 사람은 그리 흔치 않을 것입니다.

여러분들은 지금, 주변으로부터 듣는 'You can'이라든지 'You should'나 'You must'란 말에 반응을 보이십시오. 가장 좋은 반응은 자신의 능력과 적성에 맞추어 'I will'을 하는 것입니다. 그러나 누구나 다 그렇게 할 수 있는 것은 아닙니다. 만약 그렇지 못하다면 빨리 결정하십시오. 여우처럼 '신포도'의 구차한 변명 늘어놓지 말고, 자신에 능력과 분수에 맞는 포도를 찾아 길을 떠나십시오. 'I will'을 했으면 전력 질주를 할 것이고, 그렇지 않다면 새로운 포도를 찾아 다른 길로 가십시오. 그것이 상책입니다. 공연히 시간과 노력을 허비하지 마십시오. 인생은 그렇게 긴 게 아닙니다.

그러면 그 마지막에 당당한 'I am'이 기다리고 있을 것입니다. 여러분 이름 석 자가 우뚝서서 반짝이고 있을 것입니다. 인생의 막바지에 자기 이름 석 자로 'I am'할 수 있는 사람이 진정 성공한 사람입니다. 'I am'할 수 없는 부귀와 영화는 성공이 아닙니다. 어디에서 무엇을 하든 자기 이름을 자랑스럽게 내세울 수 있어야 합니다. 인생의 궁극의 목적은 'I am'에 있다는 사실을 명심하기 바랍니다.

그리고 그 과정에서 만나는 모든 인연을 소중히 하십시오. 헛되이 인연을 소비하지 마십시오. 인연을 소중하게 하는 것도 헛되게 하는 것도 모두 자신이 할 탓입니다. 지금 생각해 보면 초등학교 5학년 시절의 담임선생님, 고등학교 시절의 짝꿍 기자, 대학 시절의 도종환 선배, 그러나 무엇보다도 가르침의 현장에서 만난 여러분들, 모두가 내 인생의 분기점이 된 소중한 인연들이었습니다. 그 인연들이 나의 운명의 지침을 이끌고 여기까지 왔습니다.

삼십 년도 훨씬 넘는 교직 생활이었습니다. 이제 그 세월과 안녕을 고해야 하는 시간입니다.

그래서 어젯밤, 조용히 나 자신에게 물어 보았습니다.

장문석. 너는 지금까지의 너의 삶에 네 이름을 걸 수 있느냐고.

묻고 또 물었습니다. 선뜻 대답하기 어려웠습니다. 그러나 조금은 뻔뻔해지리라 마음먹었습니다. 감히 'I am'을 내세우기로 한 것입니다.

장문석, 너는 자랑스럽고도 행복한 선생님이었다고, 그리고 시인이었다고.

제4부

고래는 죽지 않는다

오해하지 마라. 우리는 물고기가 아니야. 같은 물속에 산다고 툭하면 육법전서를 들이대는데, 우리는 그 따위 그물망에 걸리지 않아. 말하자면 너희들과는 근본적으로 혈통이 다르다는 얘기지. 너희들은 어류에 속하지만 우리는 포유류에 속한다는 사실을 아는지 모르겠네. 너희들은 알을 낳아 부화시키지만 우리는 새끼를 낳아 젖을 먹여 키운다는 것을. 너희들은 아가미로 숨을 쉬지만 우리는 허파로 숨을 쉰다는 것을.

그러므로 너희들의 아가미로는 우리의 표상(表象)을 도저히 이해하지 못해. 아마 본 적이 있을 거야. 창공을 향해 분수처럼 솟구쳐 오르는 우리의 무지갯빛 허밍 코러스를. 그 허밍 코러스를 완성하기 위해 우리는 먼 조상 때부터 얼마나 많은 도약을 연습

했는지 너희들은 아마 모를 거야. 그 피나는 노력이 우리를 바다의 제왕으로 만들었지. 그런데도 너희들은 왜 그토록 틈만 나면 우리를 헐뜯고 모함하는지 이해를 못 하겠어. 참으로 바보 같은 놈들이야. 미리 귀띔해 주는데 머지않아 그 대가를 톡톡히 치르고야 말 거야. 특히 몇몇은 우리의 수첩에 오래 전부터 올라와 있으니 각별히 주의하는 게 신상에 좋겠지.

그런데 놀랍게도 너희들 중에도 의외로 똑똑한 자들이 있더라. 그들은 너희들과 달리 머리에 붓을 달고 우리를 찬양하는, 백사장에 일필휘지하며 울대를 높이는 아주 기특한 자들이지. 그래서 우리는 저 변방에 사는 먼 친척 돌고래들을 그들에게 보내 흥을 돋워 주곤 하는데, 그 효과가 이루 형언할 수가 없어. 돌고래 쇼 한두 번뿐인데 그만 감지덕지하여 우리를 위한 법률을 만들고, 우리를 비방하는 무리들을 가두는 그물 제작에 앞장을 서지. 갈수록 법률은 엄격해지고, 그물코는 촘촘해지고 있으니 얼마나 다행인지 몰라.

물론 우리에게도 암흑시대가 없었던 것은 아니야. 바다의 치안이 부실해진 틈을 타 정의의 탈을 쓴 무법자들이 길목마다 횡행했었지. 불한당 같은 놈들이야. 그 무자비함에 우리는 치를 떨었어. 우리의 허밍 코러스를 감상하기는커녕 그 틈을 타 우리의 등줄기에 사정없이 작살을 내리꽂았으니 음흉하고 악랄하기 짝이 없었지. 우리의 피가 파도를 물들였어. 우리의 할아버지가, 그 할아버지의 할아버지가 그렇게 이승을 하직했지.

그 끔찍함이란! 우리는 그 엄혹한 과거를 역사서에 꼼꼼히 적어 놓았어. 우리 조상의 내장과 지방질로 짜낸 등불을 밝히고, 성스러운 살점을 뜯어먹던 너희들의 만행을 우리는 결코 잊지 않을 거야. 그 역사서를 읽으면서 우리가 얼마나 치를 떨었는지 알아? 너희들은 기억해 두어야 할 거야. 우리들이 조상들의 한을 풀기 위하여 얼마나 오랜 세월 권토중래(捲土重來)의 칼을 갈았는지.

드디어 우리의 피맺힌 노력이 결실을 가져왔지. 그런데 아직도 너희들은 그것을 모르는 것 같아. 그렇지 않고서야 그렇게 막돼먹은 삿대질을 우리에게 할 수는 없지. 그래서 얼마 전에 새로 선포된 법령의 일부를 다시금 알려줄 테니 새겨듣도록 해. 거기에 이르기를, '물의 것들이여. 공연히 비루한 거품 방울 일으키지 말 일이며, 때 되면 기꺼이 고래의 제물이 될지어니…….' 지금 생각해도 어디 한 자 고칠 데가 없는 그야말로 금과옥조(金科玉條)야. 또한 그 법령의 부칙을 보면 우리를 향해 욕설을 하거나 작살을 던지는 자들은 그 언행의 경중을 가려 엄히 다스린다고 짙은 고딕으로 적혀도 있지.

그래. 그것이 바로 이 바다의 변함없는 율법이야. 너희들이 아무리 떼 지어 촛불을 들고 목청을 높여도 우리는 죽지 않아. 영원히.

백조의 호수

초대권을 한 장 드릴까요? 여기는 고요하고 아늑한, 풍광 또한 천하제일인 산정호수랍니다. 병풍처럼 둘러쳐진 주변 산은 신묘한 기암괴석과 미끈한 금강송으로 어우러져 보는 사람의 눈을 황홀하게 하고, 그곳을 휘휘 돌아 나온 바람은 호수 위에 잠시 머물렀다가 호수의 얼굴에 잔잔한 볼우물을 만들어 놓곤 한답니다. 어서 오세요. 훨훨 날아올라 우리의 손을 잡으세요. 여기에 있는 백조들은 모두 춤의 대가들이랍니다. 어때요, 춤 한번 배워보지 않으실래요?

아, 한 가지 알려드릴 게 있군요. 여기서는 여기만의 춤이 있답니다. 물 위보다는 물 밑 표현을 중시하는 아주 우아하고 귀족적인 춤이죠. 이 춤의 기원은 너무도 멀어서 딱히 언제부터라고 꼬집어 말할 수 없을 정도라니 쓸데없는 질문은 삼가는 것이 좋겠네요. 그냥 세상이 열리던 그날부터 이 춤이 탄생했다고 보면 돼요.

이 춤을 추기 위해서는 토슈즈(toeshoes)가 필요한데요. 토슈즈는 원래 발레에서 여성 무용수들이 신는 신발이지만, 여기서는 여기만의 율법과 개인의 능력에 따라 저마다의 독특한 모습으로 변형시킨 신발을 의미하는데요. 여성뿐만 아니라 남녀노소 불문하고 모두가 신고 있답니다. 그 토슈즈에는 기막힌 기능의 물갈퀴가 있는데, 절대 남에게 보여주어서는 안 되죠. 그게 바로 이 호수에서 오래도록 생존할 수 있는 최고의 비밀 병기이기 때문이랍니다. 누가 더 뛰어난 기능의 비밀 병기를 가졌느냐는 이 호수에서 누가 춤의 고수인가를 가름하는 중요한 기준이 되죠.

어서 오세요. 일단 호수 가장자리에 내려앉으세요. 거기서 당신만의 비밀 병기를 은밀히 제련(製鍊)하세요. 그렇게 두리번거릴 필요 없어요. 비밀 병기를 제련하는 비법은 철저한 비밀이기 때문에 그 누구도 제대로 알려주지 않을 거예요. 오직 혼자의 힘으로 터득해야 하는데요. 잠깐만, 당신은 내게 호의를 보였으니 한 가지만 귀띔해 드리죠. 아주 맑은 날 집중해서 다른 백조들이 춤추는 물속을 들여다보세요. 그러면 백조들의 발이 조금은 보일 거예요. 그때 그 기술을 잽싸게 읽어낸 다음 거기에 새로운 기술을 접목하여 당신을 위한, 당신에 의한, 당신의 비법을 완성하세요. 여기에 있는 백조들은 모두 그런 과정을 거쳤답니다. 당신이라고 해서 예외는 아니죠.

비밀 병기인 물갈퀴가 완성되었으면 이제 호수의 가운데로 나오세요. 그러나 당신의 발을, 물갈퀴를 절대 남에게 보여주어서는 안 된답니다. 당신의 희고 아름다운 날갯죽지로 그것을 가리세요. 물갈퀴질이 현란할수록 당신은 만족하실 테지만, 그만큼 힘도 들 거예요. 그러나 겉으론 아무 일 없다는 듯 온화한 미소만 지으세요. 쓸데없이 다른 백조들과 말을 주고받지 마세요. 자칫하면 비밀이 탄로나 머리를 쪼일 수 있으니까요.

그렇다고 그저 넋 놓고 웃고만 있어서는 안 되죠. 웃고는 있지만 항상 다른 백조들의 춤사위에 신경을 써야 해요. 우리는 그것을 마임(mime-무언극)이라 부르는데요. 상대가 보여주지 않는 물 밑 세계를, 상대가 들려주지 않는 비밀 노래를 눈치 하나로 알아내어 재빨리 거기에 스텝을 맞춰야 하는 등에 진땀이 나는 춤의 일부죠. 그러나 춤의 궁극(窮極)은 그 단계를 뛰어넘어 다른 백조들을 이끌어 나갈 수 있는 신기술을 구사하는 것인데요. 그 기술의 개발을 위해 오늘도 수많은 백조들이 불철주야 물속 물갈퀴질 연마에 여념이 없답니다.

어쩐답니까. 그것이 이곳의 불문율인 걸요. 그런 긴장된 평화가

이 호수를 천하제일로 만든답니다. 어때요, 이제는 함께 춤추실 수 있을까요?

늙은 가재의 독백

그렇게 살았으면 좋겠다 싶었지. 달빛 이슬 여울지는 돌 틈을 무대 삼아 흥얼흥얼 콧노래나 부르면서 한 뼘 갸웃한 여생(餘生)의 물살을 조용히 갈무리하고 싶었지. 늘그막에 욕심 부릴 게 뭐 있겠어. 늘 그래 왔듯이 맑고 서늘한 풍광만 있어 준다면 그것만으로도 나름 행복한 인생이라고 생각했지. 그런데 그게 착각이었어. 살아올 만큼 살아온 나이에 왜 그런 잘못된 판단을 했는지 모르겠어.

어느 세월의 길목이었을까. 노을 스러지듯 처녀애들이 하나 둘 길을 뜨기 시작했지. 풋풋한 분내를 살구꽃처럼 날리면서. 신데렐라가 되고 싶은 무지갯빛 꿈이 있었을 거야. 황금 마차를 타고 싶은 야무진 꿈도 있었을 거야. 뒷집 순이도, 옆집 옥이도, 아랫집

숙이도 마치 경쟁이라도 하듯 괴나리봇짐을 쌌어. 초경의 설렘도 채 가시기 전에. '이게 무슨 일이지?' 정신을 차렸을 때는 이미 모든 골목에 적막이 깃든 후였지.

넌출지던 메꽃도 고개를 꺾었고, 팔딱대던 개구리도 말을 잃었지. 가뭄이었어. 매일 밤 목마른 어둠이 마을을 휘감았지. 그 어둠 속에서 나는 들었어. 처음엔 낮은 음색이었다가 점점 가팔라지는. 그러다가 막판에는 마구 회오리치는 장정들의 술 취한 넋두리를. 그때마다 소쩍새가 울었어. 나는 그게 단순한 외로움인 줄 알았는데, 지금 생각해 보니 그게 아니었어. 절망의 외침이었어. 가슴에 마른 금 쩍쩍 가는 분노였어. 그 절망과 분노는 결국 장정들마저 마을을 떠나게 했지.

정말로 이렇게 될 줄은 몰랐어. 젊은이들이 떠난 언덕배기에 늙은 호박들만 남아 뒹굴뒹굴 궁상을 떨기 전까지는. 인근 초등학교의 국기봉에 마침내는 태극기마저 오르지 않게 되기 전까지는. 물장구치는 조무래기들의 귀여운 고추나 콕콕 찔러주다가 녀석들이 내갈기는 오줌발에 '어마, 뜨거워라' 뒷걸음치며 킬킬 웃어도 보았는데, 새벽이슬 한 짐 퍼지고 와 발을 씻는 장정들의 구릿빛 장딴지에 '참, 실하기도 하네' 괜한 시샘으로 야무지게 꼬집어도 보았는데, 느지막이 저녁 먹고 짐짓 너럭바위를 돌아나가다가 달빛 숨어 외려 눈부신 처녀애들 엉덩짝에 '에고, 고것 참' 비릿하게 훔쳐도 보았는데, 이제는 되돌아갈 수 없는 세월이 되어 버렸어.

모두들 어디로 간 것일까? 복숭아꽃 살구꽃 몇 번이나 피고 졌지만, 한 번 떠난 젊은이들은 돌아오지 않았어. 늙은 호박들도 하나 둘 흙으로 돌아갔지. 그 빈자리마다 공장이 들어섰고, 골프장들이 똬리를 틀었지. 불가사리였어. 번식력 또한 대단했지. 하루하루가 다르게 그들은 자신들의 영토를 넓혀 갔지. 아무리 머리띠 둘러매고 울대를 높여도 막을 수가 없었어. 결국 비닐봉지나 농약병들이 개울마다 넘쳐나기 시작했지. 내 단단한 갑옷과 투구로도 막을 수 없는 매운 물길, 숨이 막히고 앞이 보이지 않았어. 맑고 서늘한 물 한 모금을 찾아 상류로, 상류로. 이젠 더 이상 피할 곳이 없게 되어 버렸어. 어찌해야 할까?

그렇게 살았으면 좋겠다 싶었는데, 집게 발 훈장처럼 처억 내려뜨린 채 아래뜸에서 위뜸으로, 위뜸에서 아래뜸으로 유람하듯 이집 저집 기제사(忌祭祀)나 챙겨 주면서 '세월이 좀 먹으랴' 그 집 대청마루에 가부좌를 틀었다가 삼경 넘어 음복주 한 잔 얻어 마시고는 달빛 그늘 골라 밟아 휘영청 시조 한 수로 돌아오고 싶었는데, 그뿐이랴, 꽃 피는 계절이 오면 분분한 꽃잎 베고 누워 나른한 오수에 들고도 싶었는데, 잎 지는 계절이 오면 흐르는 구름에 설렁 올라 바람 몇 점 점잖게 가위질하면서 한 세상 유유자적하고 싶었는데, 그저 그렇게 살았으면 좋겠다 싶었는데.

제비에게

그래, 차라리 떠나가거라. 그 날렵한 족속들을 모두 몰고 어서 이 땅을 떠나가거라. 때 되면 찾아왔다 때 되면 떠나가는 당신들을 우리는 철새라고 부르노니, 이제는 당신들에게 박수를 보낼 아무런 이유가 없다. 강남이 더워지면 더위를 피해 이 땅으로 날아오고, 이 땅이 추워지면 추위를 피해 왔던 다시 강남으로 되돌아가는 당신들. 당신들은 그렇게 쾌적한 삶의 환경을 찾아 이곳에서 저곳으로, 저곳에서 이곳으로 이동을 한다. 아주 현명하고 영악한 삶의 방식이다.

욕하고 싶은 마음은 없다. 그것이 당신들의 삶을 위한 최선의 방식이라는데 어찌하겠는가? 그래서 욕하지 말자 했느니, 입술 깨물며 마음다짐까지 했느니, 그런데도 서둘러 왔다가 서둘러 떠나가는 당신들을 보면 왜 이토록 마음 한편이 뒤틀리는 것일까?

우리는 당신들을 믿었었다. 검은 연미복에 붉은 나비넥타이를 맨 당신들의 모습은 우아하고 단정했다. 당신들은 그런 모습으로 금박 명함을 돌리며 막힘없이 말했었다. 이제 새 시대가 오고 있다고. 살을 에는 북서풍의 시대는 가고, 꽃 피고 새 우는 남동풍의 시대가 오고 있다고. 그 시대를 앞당기기 위해 머나 먼 남쪽 나라로부터 박씨 하나 물어 왔노라고. 당신들의 세 치 혀는 참으로 현란했다. 우리는 늘 그 세 치 혀에 넘어갔다. 해마다 속아 왔으면서도 혹시나, 혹시나 하는 심정으로 당신들의 입성(入城)을 허락하곤 했었다. 올봄에도 한 번만 더 믿어 보기로 했던 것이다. 그래서 당신들을 대청마루 깊숙한 곳까지 받아들였던 것이다.

그리하여 우리와 함께했던 지난여름. 그러나 우리의 우려는 곧바로 현실이 되어 버렸다. 애당초에 당신들의 공약을 전적으로 믿은 것은 아니었지만, 실망은 너무 일찍 왔다. 겨울철의 매서운 설한풍은커녕 여름철의 조그만 비바람도 막아주지 못했다. 당신들의 감각 세포는 타의 추종을 불허했다. 그래서일까? 당신들은 언제나 우리보다 먼저 비바람의 낌새를 알아차렸다. 조금만의 낌새에도 재빨리 몸을 낮춰 천기(天氣)를 살폈다. 그러다가 빗방울이라도 떨어질라치면 염치없이 우리의 처마를 찾아들어 낡은 책자를 디밀었다. 거기에 쓰여 있으되, '선(善)한 마음으로 제비를 돕는 자에겐 천복(天福)이 있을 것이요, 악(惡)한 마음으로 제비를 상하게 하는 자에겐 천벌(天罰)이 있을지니…….'

그래도 우리는 망설였다. 낡은 책자의 예언은 모두 헛되고 헛되다는 사실을 이미 알고 있기 때문이었다. 그래도 당신들은 포기하지 않았다. 연미복에 묻은 몇 방울의 빗물을 털어내며 끈질기게 매달렸다. 이 시련만 벗어나게 해 주신다면 반드시 개과천선(改過遷善)하여 모두에게 금빛 은총을 내릴 것이라고. 연민(憐愍)이 뚝뚝 지는 목소리였다. 차마 내칠 수 없었다. 그렇게 해서 이번 여름도 우리와 함께한 것이다.

지금은 가을, 추위가 오고 있다. 당신들의 재빠른 감각기관이 그걸 모를 리 없다. 당신들은 이미 남쪽 나라를 향한 대열에 속속 합류하고 있다. 매서운 북서풍을 몰아내고 언제나 따뜻한 남동풍의 시대를 열어 준다더니, 그리하여 젖과 꿀이 흐르는 낙원을 만들어 준다더니, 거기에 대해선 아무런 해명도 없다. 모두 공염불이었던 것이다. 여름철 내내 처마 밑이며 대청 들보까지 내어준 우리의 소박한 우정도 헌신짝이었던 것이다.

그런데 지금 당신들은 무어라 하는가? 전선줄에 나란히 앉아서는 무어라 지지배배거리는 것인가? 명년 봄엔 황금 재물이 화수분처럼 쏟아지는 박씨 하나 물어 오겠다는 것인가? 양귀비 같은 경국지색(傾國之色)이 아장아장 걸어 나오는 박씨 하나 물어 오겠다는 것인가?

오, 달콤하고 허황하도다.

떠나가거라. 우리는 우리끼리 이 겨울을 버틸 것이다. 여름 벌판의 폭풍우를 맨몸으로 견뎠듯 이번 추위도 어금니 깨물며 옹골지게 견딜 것이다. 누군가는 눈물을 흘리기도 할 것이고, 누군가는 쓰러지기도 할 것이다. 그래도 뜬금없는 박씨의 꿈은 꾸지 않을 것이다. 뒷동산 황토를 퍼다 당신들이 살다간 흔적에 개칠을 하고, 처마와 들보도 새로 손볼 것이다. 울타리와 울타리를 연이어 질기게 돋아나는 닥나무, 그 닥나무를 한 움큼 베어 삶아 창호지도 만들 것이고, 그것으로 문풍지도 새로 바를 것이다. 참숫돌에 도끼를 벼려 군불 장작도 뒤란에 수북이 쌓아 놓을 것이다. 우리만의 단단한 박씨를 만들 것이다. 그렇게 우리는 겨울을 이겨낼 것이다.

떠나가거라. 설령 그 박씨 텃밭에 심어 조랑바가지만 열릴지라도, 설령 몇몇이 얼음밭에 쓰러질지라도 우리는 절대 당신들을 부르지 않을 것이다. 언젠가는 눈 맑고 귀 밝은 이가 있어 우리와 함께할 것이다. 우리는 그렇게 우리의 숫저운 삶을 키워 나갈 것이다.

그래, 떠나가거라. 어서 당신들의 무리를 모두 몰고 이 땅을 떠나가거라. 그리고 명년 봄엔 다시는 오지 말아라.

들소에게서 온 편지

벗이여, 벗어 버리자. 설령 하늘이 주신 멍에일지라도 벗어 버리자. 우리는 도대체 누구이며 무슨 죄를 저질렀는가? 왜 하루도 맘 편할 날 없이 귀 쫑긋거리다가 툭하면 줄행랑을 놓는가? 우리는 대대로 초원을 오가는 선량한 동물의 한 부족일 뿐이거늘 무슨 연유로 이토록 가슴 죄는 불안과 공포의 삶을 살아야만 하는가?

햇빛 눈부신 초원이었던가. 암사자 몇 마리 달려 왔었다. 이빨은 날카로웠고 행동은 민첩했다. 빠져나갈 어떤 틈도 보이지 않았다. 결국 이웃집 젊은이, 목덜미를 물린 채 네 발로 허공을 치고 있었다. 애처로운 눈빛이 우리를 보고 있었다. 분수처럼 솟구쳐 오르던 오색 피무지개. 그러나 우리는 돌아섰다. 그 단말마의

비병을 외면했다. 그를 구하는 것은 우리의 능력 밖이라며 고개를 흔들었다.

어제도 이웃집 처녀, 피를 흘리며 돌아왔었다. 하이에나 떼를 만났다 했던가. 유린당한 사타구니에 선혈이 낭자했다. 그러나 우리는 고개를 돌렸다. 몸을 조신하게 놀리지 못한 탓이라고 귓속말을 주고받았다. 그렇게 순결을 잃은 처녀는 아내로도, 며느리로도 받아들일 수 없다고 풀을 뜯는 척 먼산바라기를 했다.

벗이여, 이것이 이때까지의 우리의 삶이었다. 그렇게 우리는 우리의 아들딸들을 지켜주지 못했다. 그러면서도 뻔뻔스럽게 모이기만 하면 입버릇처럼 말했다. 서로를 보호하기 위해서는 무리를 지어 살아야 한다고, 그래야만 우리의 종족을 보다 안전하게 번식시킬 수 있다고, 무리를 짓는 습성이야말로 우리 종족 최대의 장점이라고, 역사서까지 들먹였다. 그리고는 덧붙였다. 몇 명 정도가 유린당하고 죽는 것은 어쩔 수 없는 운명이라고, 그런 운명에 순응하는 것이 무리의 안녕을 위하는 최선의 길이라고, 아예 각주까지 붙여 살신성인의 덕목에 고딕체로 새겨 넣었다. 그리고는 밥상머리 가훈으로 대대손손 전승했다.

정녕 그러한가? 벗이여. 그것이 우리의 운명이었단 말인가? 아니다. 그것은 우리의 운명이 아니다. 습관화된 패배주의일 뿐이다. 그래도 너는 자꾸만 운명이라 말하는가? 좋다. 네 말대로 습관화된 패배주의가 마침내는 운명이 되었다고 해 두자. 그렇다고 그것을 언제까지 대물림하려 하는가? 이 비겁하고도 파렴치한 굴종의 몸짓을. 벗이여, 이젠 벗어 버리자. 설령 그것이 운명이라 할지라도.

무엇이었던가? 셀 수 없이 많은 우리의 무리는. 애초에 서로를 보호해 주자고 언약하지 않았던가? 그래서 이처럼 무리를 지은 것이 아니었던가? 네가 어려움에 처하면 내가 가서 도와주고, 내가 어려움에 처하면 네가 와서 도와주고, 그렇게 상부상조하자던 것이 아니었던가? 또한 커다란 우리의 덩치는 무엇이었던가? 왜 우리는 덩치 값도 못하는가? 왜 당차게 대거리하지 못하는가? 왜 머뭇머뭇 줄행랑만 생각하는가?

그렇다고 우리가 초원의 폭군이 되자는 것은 아니다. 저들의 부당한 공격에 정정당당하게 맞서자는 것뿐, 서로가 서로에게 힘이 되어 주자는 것뿐, 함께 힘과 지혜를 모아 우리의 아들딸들을 보호하자는 것뿐, 더 나아가 우리의 생존을 굳건하게 세우자는 것뿐, 그 이상도 이하도 아니다. 초원의 평화는 우리의 희생만으로 이루어지지 않는다. 초원의 평화는 우리가 우리의 생존을 굳건히 세울 때 비로소 초록 갈기 휘날리며 온다.

그리하여 벗이여. 이제는 끊어 버리자. 그저 대가리나 쑤셔 박고 도망질 쳤던 비겁의 심줄일랑.

이리의 전언(傳言)

나는 이미 당신의 몸속에 들어 있다. 기회 있을 때마다 당신은 손사래를 치지만, 그건 당신의 무지(無知)에 불과하다. 당신이 아무리 고개를 흔들어도 나는 결코 사라지지 않는 바이러스다. 그 어떤 처방으로도 당신은 나를 퇴치시킬 수가 없다. 동서고금의 많은 윤리학자들이 연구에 연구를 거듭한 끝에 나름의 처방전을 내놓기도 하지만, 그 약효가 입증된 사례는 단 한 번도 없다. 그러므로 나를 퇴치할 수 있는 항생제는 아직 발명되지 않은 셈이다. 아니, 영원히 발명되지 않을 것이다.

내가 언제부터 당신의 몸속에 들어가 있는지는 나도 모른다. 어쩜 당신의 무리들이 이 지상에 나타난 그 순간부터였을 것이다. 그러니까 당신들과 우리들의 조상은 먼 옛날부터 동고동락(同苦

同樂)을 함께한 동반자라는 것이다. 당신이 거부한다고 해서 뒤바뀔 운명이 아니다. 그냥 편안한 마음으로 받아들이시라.

그래도 당신은 착한 사람이다. 나뿐만 아니라 주변의 많은 사람들이 그렇게 평가하니 당신은 분명 나쁜 사람이 아니다. 당신은 당신들의 사회에서 대체적으로 모범 시민에 속한다. 당신은 윤리와 규범을 누구보다도 성실히 지킬 줄 안다. 그뿐만이 아니다. 윤리와 규범을 지키지 않는 사람들을 보면 훈계와 질책도 할 줄 안다. 그것은 곧 당신이 옳고 그름의 판단을 정확히 할 줄 안다는 증거이기도 하다. 그렇다. 당신은 모범적이고 윤리적인 사람이다. 그 사실에 나는 기꺼이 동의한다.

당신은 땀의 중요함도 아는 사람이다. 삶의 굽잇길마다 소금땀을 한 짐씩 부려 놓는다. 조금의 게으름이나 망설임이 없다. 삶이란 수없이 많은 굽이를 돌고 돌아가는 험난한 여정이다. 그 여정을 통과하는 것은 결코 쉬운 일이 아니다. 적잖은 희생과 땀을 요구한다. 땀만이 그 길을 윤택하고 풍요롭게 만든다. 그런데 당신은 그 사실을 너무나 잘 알고 있다. 그래서 굽잇길마다 온힘을 다해 소금땀을 부려 놓는 것이다.

당신은 또한 땀을 식히는 짬을 아는 사람이다. 짬을 모르는 땀은 형벌이다. 땀 흘렸으면 산그늘에 앉아 투명한 바람을 맞을 줄도 알아야 하고, 물이랑을 찾아 눈썹의 때를 씻어낼 줄도 알아야 한다. 진정한 멋은 땀 다음의 짬에서 온다. 그런 여유가 멋을 만든다. 그런데 당신은 땀을 흘린 후에 바람 속을 걸어가며 콧노래를 부를 줄도 알고, 물 한 모금으로 메마른 음표를 축일 줄도 안다. 그러므로 당신은 멋을 아는 사람이다.

그러나 방심하지 마시라. 나는 이리(狼)이다. 난폭한 성정(性情)이 나의 본성이다. 그 어떤 순간에도 나는 나의 본성을 잊어본 적이 없다. 당신이 소금땀을 부려 놓을 때에도, 물이랑의 여유를 즐길 때에도 나는 당신의 몸속 어디쯤에선가 이빨을 갈고 있다. 그러므로 나의 호시탐탐(虎視耽耽)을 과소평가하지 마시라. 지금은 비록 당신 몸속에 숨어 있지만, 언젠가는 반드시 기회가 올 것이다.

옷고름 단단히 매시라. 신발 끈도 단단히 고쳐 매시라. 조금이라도 풀어지거나 느슨해지면 나는 지체 없이 달려 나갈 것이다. 으르렁거리며 울타리를 넘을 것이다. 그때는 아무도 나를 제어하지 못할 것이다. 그러므로 욕망의 살코기로 나를 유혹하지 마시라. 나는 지금 침묵하며 인내하고 있느니 더 이상 달콤한 향내로 나를 자극하지 마시라. 다시 말하거니와 나는 난폭한 성정의 이리이다.

당신이 그토록 사랑하는 소녀의 순결한 치맛자락을 순식간에 찢어버릴 수도 있고, 거리의 의젓한 신호등을 단번에 넘어뜨릴 수도 있다. 끝내는 당신의 목덜미를 물어뜯어 당신을 죽일 수도 있다.

그러므로 부인하지 마시라. 당신은 이미 나와 한 통속이니, 영원히 함께할 평생의 동지이니.

악어와 악어새

악어는 늪에 산다. 악어는 음흉하고 잔인하다. 한 번 걸리면 추호의 용서가 없다. 그러나 쉽게 눈에 띄지 않는다. 악어의 기도비닉(企圖秘匿)은 추종을 불허한다. 그 은밀함으로 악어는 오히려 외롭지 않다. 악어 곁에는 언제나 악어새가 있다. 악어는 이빨에 낀 먹이의 부산물로 악어새를 부르고, 악어새는 그 부산물로 목숨을 연명한다. 그들은 태고부터 긴밀한 공생 관계를 유지하며 오늘에 이르고 있다.

악어와 악어새는 늪에 산다. 그러므로 늪을 건너는 일은 매우 위험하다. 그러나 불행히도 인생이란 늪을 건너는 일이다. 도처에 악어와 악어새가 숨어 있다는 걸 뻔히 알면서도 건너야만 하는 외길이다.

우리는 소매를 걷고 뗏목을 만든다. 밤 새워 죽창도 깎는다. 뜻을 같이 하는 동지들끼리 동맹을 맺고 연환계(連環計)를 쓰기도 한다. 때에 따라서는 적과의 동침도 마다하지 않는다. 온전히 살아서 피안(彼岸)에 도달하기 위해서는 어쩔 수 없다. 요령껏 서로의 어깨를 겯기도 하고, 소리 없이 등을 돌려 배반도 할 줄 알아야 한다.

우리는 죽창을 들고 호시탐탐 악어의 심장을 노린다. 늪은 늘 흙탕물이거나 수초로 뒤덮여 있어 악어를 먼저 발견하기란 결코 쉬운 일이 아니다. 자칫 방심은 금물이다. 악어의 심장에 죽창을 꽂기도 전에 오히려 악어의 기습에 목 줄기를 물리는 경우가 비일비재하기 때문이다. 그렇다고 악어의 심장에 죽창을 명중시키는 일이 아주 없는 것은 아니다. 몇몇은 죽장을 악어의 심장에 명중시켜 뭇 축생들의 박수갈채를 받기도 한다. 그들은 승리의 상징으로 악어를 도륙하여 그 가죽으로 옷을 만들어 입는다. 그러므로 그들의 가죽옷에서는 피비린내가 난다. 피비린내가 짙을수록 가죽옷을 두꺼워진다.

가죽옷은 월계관이다. 월계관은 악어새를 부른다. 악어새를 부르는 것은 악어이다. 그러므로 모든 악어는 월계관을 쓰고 있다. 월계관을 쓴 악어의 이빨에는 언제나 풍부한 먹이가 끼어 있다. 풍부한 먹이는 수많은 악어새를 양육한다.

우리는 피투성이가 되어 서로의 심장에 죽창을 겨눈다. 상대를 쓰러트려야 내가 산다. 상대를 쓰러트리고는 짐짓 눈물도 흘린다. 아주 안타깝고 슬프다는 듯이. 그러나 속아서는 안 된다. 그 눈물에 속는다면 악어나 악어새가 될 수 없다. 알면서도 모르는 척해야 한다. 그래야만 내 눈물도 그럴 듯하게 포장할 수 있기 때문이다. 서로가 서로의 위선을 인정해야 한다. 그것이 늪의 법칙이다. 동서고금의 변함없는 진리이다. 그 진리를 숭배하는 자만이 늪의 지배자가 될 수 있다. 그런 지배자만이 휘하에 악어새를 거느릴 수 있다.

누군가는 반드시 악어가 되고, 누군가는 반드시 악어새가 된다. 악어 곁에는 악어새가 있고, 악어새 곁에는 악어가 있다. 가끔은 그 신분이 뒤바뀌는 수도 있다. 악어의 이빨에서 먹이를 취하다

보면 악어의 전략을 배우게 되고, 그 전략을 실전에 응용하다 보면 어느 틈엔가 악어로 변신하는 경우가 있다. 흔한 일은 아니지만 아주 없는 일도 아니다. 풍문에 의하면 그런 변신 악어가 본래의 악어보다 더 교묘하고 잔인하다고 한다.

한 늪을 건너도, 또 한 늪을 건너도 늪에는 악어와 악어새가 산다. 악어와 악어새가 늪을 만든다. 인생은 늪을 건너는 일이다. 누군가는 악어로 늪을 건너고, 누군가는 악어새로 늪을 건넌다. 늪을 건너는 건 싸움이다.

덕구소전(德狗小傳)

녀석이 언제부터, 어떻게 하여 지금의 주인 곁에 왔는지는 아무도 모른다. 이웃들은 저마다의 의견으로 핏대를 올리기도 하지만, 사실 그건 그렇게 중요한 것이 아니다. 중요한 것은 녀석이 지금 돈 많고 뚱뚱한 어떤 노년의 남자를 주인으로 모시고 있다는 사실이다.

녀석은 주인을 모시기 위해 다양한 기예를 배우고 익혔다. 흙빛 꼬리를 적당히 말아 올려 좌삼삼 우삼삼 꼬리 흔들기, 애절한 눈빛으로 일심구천 혀춤 추기, 앞발 번쩍 들고 뒷발로만 우뚝 서서 마당 한 바퀴 돌기, 먼지로 더러워진 구두코를 정성껏 핥아 주기, 왼손 오른손 번갈아 주인과 악수하기, 진짜보다 실감나게 죽는 시늉하기 등…….

사실 녀석이 배우고 익힌 기예는 그리 자랑할 만한 것이 못 된다. 우월한 유전인자를 가진 어떤 종족은 날아가는 원반 입에 물기, 마약 찾아내어 범인 잡기, 맹인에게 길 안내하기, 아기 돌보기 등 그 기예가 참으로 놀라운 경지에 이른 경우도 많다. 지금 이 순간에도 그들에 의해 개발된 기예는 날이 갈수록 그 난이도를 높이며 현란함의 극치를 달리고 있다. 그런 풍문일수록 빠르게 담장을 넘는 법, 녀석이라고 해서 어찌 호기심과 욕망이 없겠는가. 그래서 한 때, 녀석도 유명 문파에 들어가 고난도의 기예를 배우고 익혀 무림의 고수가 되고 싶은 욕망으로 들끓던 적이 있었다. 그럴 능력이 충분히 되고도 남는다는 자부심도 있었다. 그런데도 이렇게 집 안에만 머무르고 있는 것은 주인이 그것을 원하지 않았기 때문이다.

녀석의 생존은 오직 주인의 의중을 충족시키는 데 있을 뿐, 다른 그 어느 것도 욕심내지 않았다. 주인의 의중을 충족시키다 보면 부귀영화는 저절로 따라 오리라는 진리를 녀석은 이미 터득하고 있었던 것이다. 그리하여 녀석의 모든 관심사는 온통 주인의 의중에만 집중되어 있다. 언제 어디서든 주인의 의중을 읽어 내어 그대로 움직일 준비에 늘 골똘하다. 그러기 위해서는 무엇보다도 먼저 타인과 구별되는 주인만의 특성을 파악해야 하는데, 녀석은 운 좋게도 천부적인 청각과 후각을 지니고 태어났다. 조상 대대로 내려온 자랑스러운 혈통이다.

녀석의 청각과 후각은 한 치의 오차가 없다. 아무리 혼잡하고 잡냄새가 진동하는 곳일지라도 녀석은 주인만의 냄새와 소리를 정확하게 집어낸다. 번들번들 기름기 흐르는 뱃살의 냄새, 하루돌이로 이빨에 끼는 양고기 냄새, 겨드랑이에서 들썩이는 묵은 땀 냄새, 양말 속에서 숨죽이고 있는 고린 발 냄새. 어디 그뿐이랴. 그 냄새들을 은밀히 싣고 다니는 육중한 구두 발자국 소리, 조금만 걸어도 헐떡이는 거친 숨소리, 몇 개밖에 안 되는 머리카락이 바람에 버티는 소리. 수많은 냄새와 소리 중에서도 주인만이 가지고 있는 냄새와 소리의 중량감으로 녀석은 정확하게 주인을 찾아내 꼬리를 흔들 줄 안다.

절대 순종도 녀석의 미덕이다. 그것은 이미 타 부족이 따라올 수 없는 미덕이 되어 역사서에 기록된 지 오래이다. 주인에 대한 절대 순종은 녀석의 밥그릇을 풍요롭게 한다. 고량진미는 그냥 얻어지는 것이 아니다. 눈물 나는 노력이 필요하다. 주인의 환심을 살 때까지 그 무릎 아래 엎드릴 줄 알아야 한다. 모든 걸 버리는 성자(聖者)의 마음이 있어야 한다. 체면과 명예는 삶을 고루하게 만들 뿐, 삶의 풍요를 위해서는 아무리 허리를 굽혀도 지나침이 없다.

남들의 손가락질은 아예 무시하는 게 좋다. 집을 지키라면 집을 지키고, 사냥을 하라면 사냥을 해야 한다. 심지어 똥도 먹으라면 똥도 먹어야 한다. 똥도 먹어본 자만이 그 맛을 안다고, 한두 번 먹다 보면 그것도 피가 되고 살이 되는 꽤 괜찮은 맛이라는 것을 알게 될 것이다. 그리하여 젊은 시절, 주인의 아들로 인해 '똥개'라는 별칭도 얻었지만, 주인의 은총을 생각하면 그마저도 감지덕지이다.

절대 표독(慓毒)도 녀석의 미덕이다. 날카로운 어금니는 적들에게 치명적인 상처를 남기기도 한다. 그래서 많은 사람들은 녀석의 곁에 서는 것을 꺼린다. 변덕스러운 주인처럼 녀석도 언제 변덕을 부려 으르렁거릴지 알 수 없기 때문이다. 그러나 주인에게만은 녀석의 표독도 더할 나위 없는 미덕이다.

녀석의 족보를 거슬러 오르다 보면 혹독한 야생의 시대를 건너기 위해 늑대부족과 혼인동맹을 맺었다는 기록이 있다. 딸과 아내를 팔아 부족의 역사를 연장했다는 것이다. 그렇다고 욕하지 마라. 생존이 우선이다. 딸과 아내의 순결과 정조는 부차적인 것일 뿐, 살아남기 위해서는 수단과 방법을 가리지 말아야 한다. 과정은 그리 중요하지 않다. 오직 결과만이 역사를 만들어 간다는 사실은 고금의 진리이다. 그리하여 늑대부족과의 혼인동맹은 얼마나 뛰어난 임기응변이었던가? 늑대부족과의 혼혈로 표독의 형질을 얻었다는 것은 얼마나 다행한 일이었던가? 지금도 시비(是非) 여하를 막론하고 주인의 적과 마주치면 날카로운 이빨을 드러내는 것은 바로 그때의 혼혈된 피가 혈관에 남아 있기 때문이다.

만약 그 시대에 그런 신출귀몰한 비책을 쓰지 않았다면 지금쯤 야생의 들판에서 배고픔과 추위에 떨다가 은밀한 추격자의 총 한 발에 쓰러졌을지도 모를 일이다. 그렇게 더운 피를 설원에 뿌리며 한 생애를 마감하는 비참한 부족으로 전락했을지도 모를 일이다. 그렇다. 아무리 잠시뿐이라지만 늑대부족과의 혼인 동맹은 녀석의 부족을 청사에 길이 남게 한 탁월한 선택이었음이 분명하다.

그렇게 하여 타고난 녀석의 형질은 오직 주인만을 위한 것으로 진화 발전하여 오늘에 이르고 있다. 오직 주인의 눈으로만 세상을 보고, 주인의 머리로만 시비를 가린다. 간혹 주인이 바뀌는 경우도 있지만, 대체적으로 한 번 주인은 영원한 주인이다. 영원한 주인에 대한 충성 또한 영원하다. 녀석은 모든 것을 주인과 적, 흑과 백의 이분법으로 구분하여 주인에게는 순종을, 적에게는 표독을 보여준다. 소리와 냄새만으로도 녀석은 짖을 때와 꼬리를 흔들 때, 이빨을 드러낼 때와 혀를 빼물 때를 한 치의 오차도 없이 분간해 낸다. 그만큼 녀석의 처세는 진퇴(進退)가 분명하다. 그런 녀석의 단세포적 처세술은 감히 속인들이 따라갈 경지가 아니다.

나이 탓인지 요즘 들어 녀석은 부쩍 볕 좋은 툇마루에서 가부좌 틀기를 좋아한다. 그 안온한 자태와 그윽한 눈빛이란! 텃밭 노랑나비가 손짓을 하고, 소풍가는 개미 떼가 재잘거려도 미동조차 않는다. 주인과 함께한 세월을 반추하는 것일까? 그 동안 주인을 모시는 데 소홀함을 없었는지, 노력에 비해 주는 먹이가 형편없다고 투덜대지는 않았는지, 잠시 허튼 생각에 불충(不忠)한 적은 없었는지, 반성 일기를 쓰는 것은 아닐까? 아니, 어쩜 이제는 노쇠해진 주인의 보신을 위해 소신공양을 준비하는지도 모를 일이다. 사실 녀석은 살아오면서 주인을 위해 소신공양을 하는 많은 동족들을 보아 왔으니, 그럴 가능성이 아주 없는 것은 아니다.

그런 살신성인(殺身成仁)의 덕성을 일찌감치 간파한 주인은 그래서 조금의 주저함도 없이 녀석을 휘하로 맞아 들여 이름을 도그(dog)가 아닌 덕구(德狗)라 이름 짓고, '덕불고 필유린(德不孤必有隣—덕은 외롭지 않고 반드시 이웃이 있다.)'을 좌우명 삼아 노년의 동반자로 녀석을 곁에 두고 있는 것이다.

목어(木魚)

제법 규모가 있는 산사(山寺)에 가면 나무를 물고기 모양으로 깎고 다듬어 배 부분을 파낸 다음, 그 속을 두드려 소리를 내는 목어(木魚)라는 불구(佛具)가 있다. 운판(雲版)과 법고(法鼓), 그리고 동종(銅鐘)과 함께 법구사물(法具四物)이라 일컫는데, 그 모양이 물고기 모양을 하고 있어 눈길을 끈다. 왜 물고기 형상을 하고 있는지에 대해서는 여러 설이 있지만, 그 중 가장 관심을 끄는 것을 소개하면 다음과 같다.

옛날 한 승려가 스승의 가르침을 어기고 나쁜 행동을 일삼다가 죽었다. 그 인과응보로 물고기로 환생하였는데, 등에서 나무가 자라났다. 풍랑이 칠 때마다 나무는 흔들렸고, 그로 인해 피 흘리는 고통에 시달렸다. 어느 날 스승이 배를 타고 가다가 그 모습을 보고는 측은히 여겨 수륙재(水陸齋)를 베풀었다. 그렇게 하여 해탈한 물고기는 지난날의 잘못을 뉘우치고 자신의 등에 난 나무로 물고기 형상을 만들어 수행자로 하여금 경각심을 일으키는 데 써 달라고 부탁했다. 이렇게 해서 만들어진 것이 바로 목어의 시초라는 것이다.

우리는 이 설화를 통하여 우선 인과응보라는 평범한 진리를 얻는다. 그리고 용서와 깨달음이라는 삶의 지혜를 배운다. 악행을 범한 승려가 그에 응당한 벌을 받는 것은 지극히 당연한 인간사이다. 그러나 그걸 용서하고 포용해 주는 것도 인간사이고, 거기에 감복하여 깨달음을 얻는 것도 인간사이다. 그런데 우리는 이 뻔한 인간사 앞에서 자꾸만 답답함을 느낀다. 왜 그런 것일까? 아마 그것은 당연하지 않은 것이 당연하게 행해지고, 비정상적인 것이 정상적으로 행해지는 현실 때문일 것이다.

높이 사는 사람일수록, 높이 오르려는 사람일수록 천둥 번개는 그들을 피해 간다. 마음먹고 내리쳐도 그들의 머리 꼭대기에는 피뢰침이 있다. 낮게 사는 사람일수록, 낮게 살 수밖에 없는 사람일수록 천둥 번개 몰아치면 더욱 낮게 움츠린다. 아무리 발버둥쳐도 믿는 건 피뢰침이 아니라 발바닥이다. 웃어야 할 낯은 사람

은 울고, 울어야 할 높은 사람은 웃는다.

인과응보의 진리가 이루어지지 않는 사회에는 용서와 깨달음이 존재하지 않는다. 인과응보는 정의와 양심이 살아 있는 곳에서만 숨을 쉰다. 그러므로 인과응보가 제대로 이루어지지 않는 사회라면 그 사회는 정의와 양심이 죽은 사회이다. 용서와 깨달음이 없이 오직 분노와 증오만이 소용돌이치는 탁류이다. 독선과 편견의 나무를 등에 키우며 고통을 감내해야 하는 고해(苦海)이다.

물고기는 잠을 잘 때 눈을 감지 않는다고도 한다. 그래서 수행하는 사람이 졸거나 자지 말고 늘 깨어서 밤낮없이 정진하라는 뜻으로 목어를 만들었다는 이야기도 전해진다. 그러므로 계율을 지키거나 깨달음을 얻기 위해 수행에 힘쓰는 수행승들에게 목어의 눈은 엄격한 고승의 죽비(竹篦) 역할도 하는 셈이다.

그러므로 우리는 모두 가슴에 손을 얹고 한번쯤은 목어루 앞에서 볼 일이다. 목어의 빈 뱃속을 두드리며 자신의 뱃속도 두드려 볼 일이다. 나 또한 높은 곳에 있거나 높은 곳에 오르려 아등바등하지는 않았는지, 인과응보의 진리를 외면하거나 파괴하려고 양심을 버리지는 않았는지, 되돌아보고 용서할 것이 있으면 용서하고, 용서받을 것이 있다면 용서받으며, 궁극의 깨달음 얻기를 소원해볼 일이다.

지금, 누군가 목어를 두드리고 있다.

지금, 목어가 누군가를 지켜보고 있다.

인생은 닻이 아니라 돛이다

초판 1쇄 인쇄일 2017년 11월 12일
초판 1쇄 발행일 2017년 11월 16일

지은이 _ 장문석
발행인 _ 김용항
발행처 _ 온누리

등록번호 _ 제아—20호(1982년 12월 6일)
주　　소 _ (03748)충북 청주시 상당구 수동 90-4
대표전화 _ (02)324-4790
팩시밀리 _ 0505-115-6287
휴대전화 _ 010-2735-7459
전자우편 _ onnuripb@hanmail.net

ISBN 978-89-8367-151-6(03810)

* 이 책은 충청북도 충북문화재단의 후원금으로 발간되었습니다.

이 도서의 국립중앙도서관 출판예정도서목록(CIP)은 서지정보유통지원시스템 홈페이지(http://seoji.nl.go.kr)와 국가자료공동목록시스템(http://www.nl.go.kr/kolisnet)에서 이용하실 수 있습니다.(CIP제어번호: CIP2017029514)